GR 10
GR de Pays

Traversée des Pyrénées
PYRÉNÉES ARIÉGEOISES
Couserans - Haute-Ariège
Val du Garbet

GR 10 (Melles - Mérens-les-Vals) : 335 km
GR de Pays Tour du Val de Garbet : 60 km

FÉDÉRATION FRANÇAISE DE LA RANDONNÉE PÉDESTRE
association reconnue d'utilité publique

9, rue Geoffroy-Marie
75009 PARIS

Sommaire

Cabanes ariègeoises. *Photo Marie-France Hélaers.*

Itinéraires

Découverte

Couverture : Le Mont Valier.
Photo : Marie-France Hélaers.

Après les topo-guides
des sentiers de randonnée,
la FFRP crée la Rando Carte !

Avec la Rando Carte, vous contribuez directement à la protection des 120 000 km de chemins créés et entretenus par 6 000 bénévoles.

De plus, la Rando Carte vous permet de bénéficier de multiples avantages dont une assurance conçue et adaptée pour vos besoins de randonneur.

Alors, pour la sauvegarde du "patrimoine sentiers" et votre sécurité, équipez-vous dès maintenant de votre Rando Carte !

Pour en savoir plus, procurez-vous le bulletin d'adhésion auprès de notre centre d'information : 64 rue de Gergovie 75014 Paris Tél. 16 1. 45 45 31 02 - Fax 16 1. 43 95 68 07

 Fédération Française de la Randonnée Pédestre

La FFRP

Depuis 1947, le Comité National des Sentiers de Grande Randonnée, devenu 30 ans plus tard la Fédération Française de la Randonnée Pédestre, s'est donné pour tâche d'équiper la France d'un réseau d'itinéraires de randonnée pédestre, balisés, entretenus, décrits dans des topo-guides comme celui-ci et ouverts à tous. Ce sont des bénévoles, au nombre de 2 500 à 3 000 en permanence, qui tout au long de ces quarante années d'existence ont créé les 60 000 km de sentiers de grande randonnée, les GR maintenant bien connus.

Si la randonnée pédestre a pris en France le développement qu'on lui connaît à l'heure actuelle, si les GR ont acquis la renommée qui leur est reconnue, c'est à eux et à la Fédération qu'on le doit. Depuis quelques années, leur action s'est étendue à des itinéraires de petite ou de moyenne randonnée destinés aux randonneurs de week-end et de proximité.

La Fédération, seule ou parfois avec le concours de collectivités locales, édite les topo-guides qui décrivent les itinéraires et mettent en valeur leur attrait sportif ou culturel.

Mais son action désintéressée ne se borne pas là. Elle intervient sans cesse auprès des pouvoirs publics pour la protection et le maintien des chemins et sentiers nécessaires à la randonnée, pour la sauvegarde de l'environnement naturel, pour la promotion de la randonnée, pour la défense des intérêts des randonneurs.

Elle regroupe plus de 1 500 associations sur l'ensemble du territoire. Celles-ci font sa force. Randonneurs qui utilisez ce topo-guide, rejoignez-les. Plus vous serez nombreux, plus la Fédération sera forte, plus son audience sera grande et plus elle disposera de moyens pour répondre à votre attente.

Réalisation. Le premier tracé du GR 10 dans l'Ariège a été réalisé par Marceau Delrieu (†), ancien délégué FFRP de l'Ariège.

Le balisage est actuellement entretenu par des collaborateurs bénévoles de la Commission technique FFRP de l'Ariège, animée par René Talieu, son président, Jean-Claude Rivère, président du Comité régional Midi-Pyrénées et Michel Grassaud, président du Comité départemental FFRP de l'Ariège, qui ont fourni les renseignements pour la mise à jour de la présente édition.

Ils ont bénéficié de l'appui financier du Conseil régional Midi-Pyrénées et du Conseil général de l'Ariège.

Coordination générale : Dominique Gengembre. **Secrétariat de rédaction :** Philippe Lambert. **Cartographie et fabrication :** Olivier Cariot, Christiane Fantola, Jérôme Bazin et Nicolas Vincent. **Secrétariat du service Éditions :** Béatrice Ducrot.

Temps ↑	Temps ↓	LOCALITÉS — RESSOURCES	Pages	⌂	◓	🏨	⛺	🛒	🍴	🚌
↑	↓	FOS *GR 10*	25		•	•	•	•	•	•
6.05	7.00	REFUGE DE L'ETANG D'ARAING	27		•					
5.00	3.50	EYLIE-D'EN-HAUT	29		•					
0.15	0.15	RIVIERE LE LEZ	29							
		SENTEIN (Hors GR, à 1 h 30)	29				•	•		•
1.45	2.15	EMBRANCHEMENT DE SENTIERS	29							
4.30	3.05	BONAC *GR 10E*	33		•					
2.30	2.00	CABANE DE GRAUILLES *GR 10*	35	•						
1.20	1.45	CABANE DE BESSET	37	•						
1.30	1.50	CABANE DU TRAPECH DU MILIEU	37	•						
2.05	1.30	REFUGE DU PLA DE LA LAU	39	•						
2	3.40	CAP DES LAUSES (CABANE DU TAUS)	39	•						
2.20	2.10	COL D'AUÉDOLE (CLOT D'ELIET)	39	•						
1.40	1.15	PAS DE LA CORE *GR 10D*	41							
4.00	3.00	PONT DU SALAT *GR 10*	49							
		SEIX (Hors GR, à 30 min)	49			•	•	•	•	•
0.15	0.15	MOULIN LAUGA - PONT DE LA TAULE	49			•			•	•
2.15	2.55	CABANE D'AULA	51	•						
5.25	4.25	COUFLENS	51							•
0.30	0.40	ROUZE	51		•			•		
4.00	3.30	SAINT-LIZIER-D'USTOU	53				•	•		•
1.20	2.15	COL DE FITTÉ	53							
		GUZET (Hors GR, à 30 min)	53			•		•	•	
0.30	0.50	COL D'ESCOTS	55							
		GUZET (Hors GR, à 45 min)	55			•		•	•	
2.10	1.30	JASSE DU FOUILLET	55							
		AULUS (Hors GR, à 1 h)	55		•	•	•	•	•	•
3.55	3.25	PONT DE LA MOULINE	57							
		AULUS (à 30 min, par le GR de Pays)	57		•	•	•	•	•	•
2.40	3.50	PORT DE SALEIX	57							
		AUZAT (à 2 h 15, par le GR de Pays)	57			•	•	•	•	•
1.30	1.30	REFUGE DE BASSIÈS	59			•				
2.20	2.10	ANCIEN AQUEDUC	59							
		AUZAT (Hors GR, à 45 min)	59			•	•	•	•	•
1.50	1.40	MOUNICOU	63		•					
3.15	3.30	ARTIÈS	63							
		AUZAT (Hors GR, à 1 h)	63			•	•	•	•	•
0.45	1.00	CENTRALE DE PRADIÈRES	65		•				•	
1.00	1.30	BARRAGE DE L'ÉTANG D'IZOURT	65	•						
2.10	3.00	REFUGE DU FOURCAT *GR 10A*	67		•					
1.00	1.00	COUMASSES-GRANDES *GR 10*	65	•						
2.00	1.45	GOULIER	71		•					
		AUZAT (Hors GR, à 1 h)	71			•	•	•	•	•
8.50	9.10	COL DU SASC	75	•						
5.05	4.20	COUDÈNES	75							
		REFUGE DE CLARANS (Hors GR, à 10 min)	77	•						
2.55	3.35	CABANE DE BEILLE-D'EN-HAUT	77	•						
3.15	4.25	REFUGE DU RULHE	81		•					
6.35	5.15	MÈRENS-LES-VALS	81		•	•		•		•

Idées rando

Deux jours

1. Aulus-les-Bains - Refuge de Bassiès, 5 h 50.
2. Refuge de Bassiès - Auzat, 8 h 20.
Voir p. 57 et 63.

Trois jours

1. Seix - Cabane d'Aula, 4 h 40.
2. Cabane d'Aula - Rouze, 5 h 05.
3. Rouze - Saint-Lizier-d'Ustou, 3 h 30.
Voir p. 49 à 53.

Quatre jours

GR 10 et GR 10 E
1. Eylie-d'en-Haut - Bonac, 5 h 35.
2. Bonac - Col d'Auédole (Clot d'Eliet), 6 h 50.
3. Col d'Auédole - Cabane du Trapech du Milieu, 6 h 35.
4. Cabane du Trapech du Milieu - Eylie-d'en-Haut, 7 h 20.
Voir p. 29 à 33, 45, 39 à 35 puis 29.

Cinq jours

GRP Tour du val du Garbet
1. Oust - La Ruère, 6 h.
2. La Ruère - Trabesse, 4 h 15.
3. Trabesse - Aulus-les-Bains, 5 h 40.
4. Aulus-les-Bains - Saint-Lizier-d'Ustou, 6 h 35.
5. Saint-Lizier-d'Ustou - Oust, 5 h.
Voir p. 83 à 95.

Huit jours

GRP Tour du val du Garbet, GR 10 et GR 10 A
1. Aulus-les-Bains - Refuge de Bassiès, 5 h 50.
2. Refuge de Bassiès - Centrale de Pradières, 8 h 20.
3. Centrale de Pradières - Refuge du Fourcat, 4 h 30.
4. Refuge du Fourcat - Goulier, 4 h 15.
5. Goulier - Col du Sasc, 9 h 10.
6. Col du Sasc - Refuge de Clarans, 4 h 30.
7. Refuge de Clarans - Refuge du Rulhe, 8 h.
8. Refuge du Rulhe - Mérens-les-Vals, 5 h.
Voir p. 57 à 81.

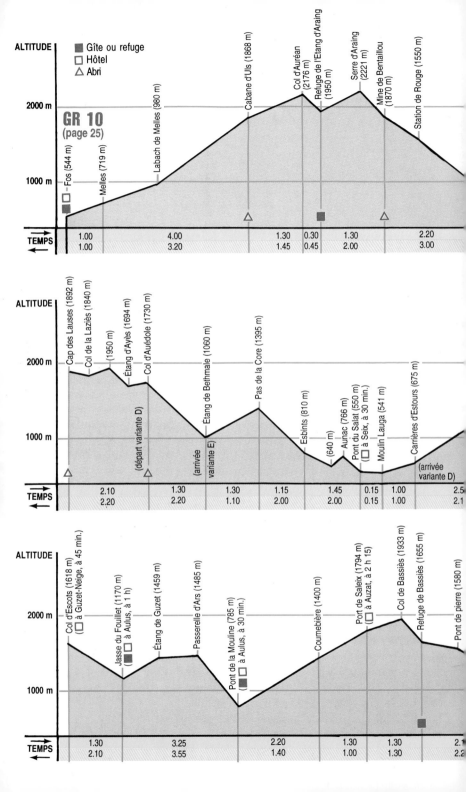

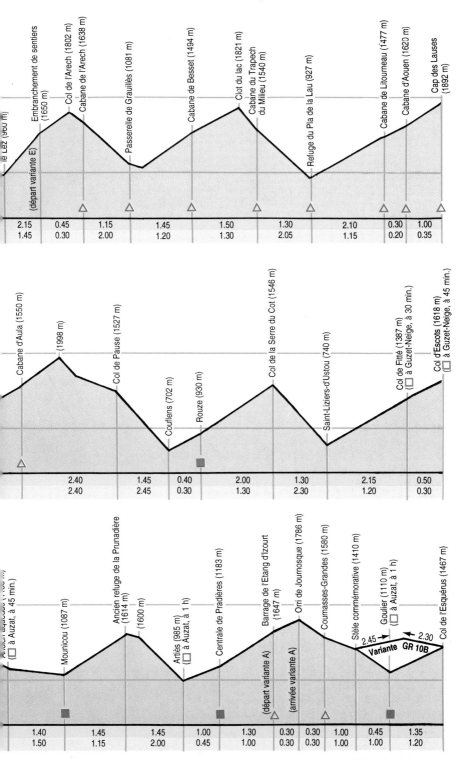

Top profile:

Label	Value (top)	Value (bottom)
le Lez (900 m)		
Embranchement de sentiers (1650 m) (départ variante E)	2.15	1.45
Col de l'Arech (1802 m)	0.45	0.30
Cabane de l'Arech (1638 m)	1.15	2.00
Passerelle de Grauillés (1081 m)	1.45	1.20
Cabane de Besset (1494 m)	1.50	1.30
Clot du lac (1821 m)	1.30	2.05
Cabane du Trapech du Milieu (1540 m)	2.10	1.15
Refuge du Pla de la Lau (927 m)		
Cabane de Litourneau (1477 m)	0.30	0.20
Cabane d'Aouen (1620 m)	1.00	0.35
Cap des Lauses (1892 m)		

Middle profile:

Cabane d'Aula (1550 m) — (1998 m) — Col de Pause (1527 m) — Couflens (702 m) — Rouze (930 m) — Col de la Serre du Cot (1546 m) — Saint-Liziers-d'Ustou (740 m) — Col de Fitté (1387 m) (□ à Guzet-Neige, à 30 min.) — Col d'Escots (1618 m) (□ à Guzet-Neige à 45 min.)

2.40	1.45	0.40	2.00	1.30	2.15	0.50
2.40	2.45	0.30	1.30	2.30	1.20	0.30

Bottom profile:

Ancien dépôt(?) (□ à Auzat, à 45 min.) — Mounicou (1087 m) — Ancien refuge de la Prunadière (1614 m) — (1600 m) — Artiès (985 m) (□ à Auzat, à 1 h) — Centrale de Pradières (1183 m) — Barrage de l'Etang d'Izourt (1647 m) (départ variante A) — Orri de Journosque (1786 m) (arrivée variante A) — Coumasses-Grandes (1580 m) — Stèle commémorative (1410 m) — Goulier (1110 m) (□ à Auzat, à 1 h) — Col de l'Esquérus (1467 m)

2.45 → **Variante GR 10B** ← 2.30

1.40	1.45	1.45	1.00	1.30	0.30	0.30	1.00	0.45	1.35
1.50	1.15	2.00	0.45	1.00	0.30	0.30	1.00	1.00	1.20

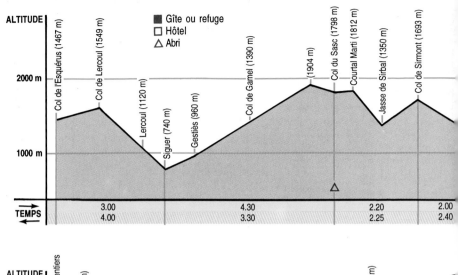

ALTITUDE

Gîte ou refuge
Hôtel
Abri

2000 m

1000 m

Col de l'Esquérus (1467 m)
Col de Lercoul (1549 m)
Lercoul (1120 m)
Siguer (740 m)
Gestiès (960 m)
Col de Gamel (1390 m)
(1904 m)
Col du Sasc (1798 m)
Courtal Marti (1812 m)
Jasse de Sirbal (1350 m)
Col de Sirmont (1693 m)

TEMPS

| | 3.00 | | 4.30 | | 2.20 | 2.00 |
| | 4.00 | | 3.30 | | 2.25 | 2.40 |

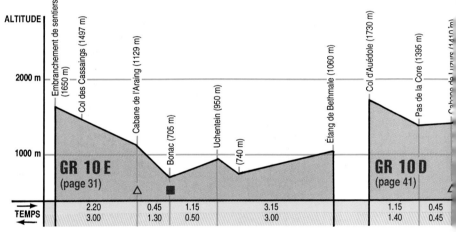

ALTITUDE

2000 m

1000 m

Embranchement de sentiers (1650 m)
Col des Cassaings (1497 m)
Cabane de l'Araing (1129 m)
Bonac (705 m)
Uchentein (950 m)
(740 m)
Étang de Bethmale (1060 m)
Col d'Auédole (1730 m)
Pas de la Core (1395 m)
Cabane de Luzurs (1410 m)

GR 10 E
(page 31)

GR 10 D
(page 41)

TEMPS

| 2.20 | 0.45 | 1.15 | 3.15 | 1.15 | 0.45 |
| 3.00 | 1.30 | 0.50 | 3.00 | 1.40 | 0.45 |

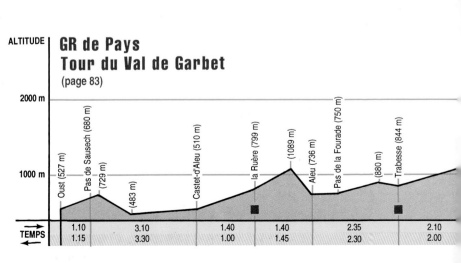

ALTITUDE

GR de Pays
Tour du Val de Garbet
(page 83)

2000 m

1000 m

Oust (527 m)
Pas de Sausech (680 m)
(729 m)
(483 m)
Castet-d'Aleu (510 m)
la Ruère (799 m)
(1089 m)
Aleu (736 m)
Pas de la Fourade (750 m)
(880 m)
Trabesse (844 m)

TEMPS

| 1.10 | 3.10 | 1.40 | 1.40 | 2.35 | 2.10 |
| 1.15 | 3.30 | 1.00 | 1.45 | 2.30 | 2.00 |

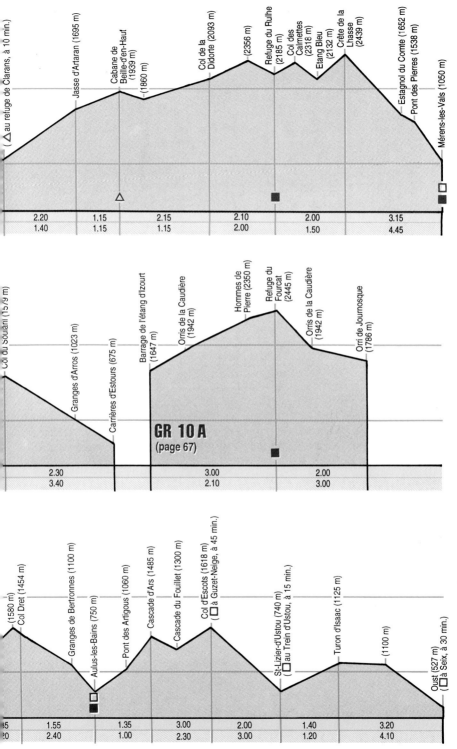

(△ au refuge de Clarans, à 10 min.)

Jasse d'Artaran (1695 m)

Cabane de Beille-d'en-Haut (1939 m)

(1860 m)

Col de la Didorte (2093 m)

(2356 m)

Refuge du Rulhe (2185 m)

Col des Calmettes (2318 m)

Étang Bleu (2132 m)

Crête de la Lhasse (2439 m)

Estagnol du Comte (1652 m)

Pont des Pierres (1538 m)

Mérens-les-Vals (1050 m)

| 2.20 | 1.15 | 2.15 | 2.10 | 2.00 | 3.15 |
| 1.40 | 1.15 | 1.15 | 2.00 | 1.50 | 4.45 |

Col du Soularti (1579 m)

Granges d'Arros (1023 m)

Carrières d'Estours (675 m)

Barrage de l'étang d'Izourt (1647 m)

Orris de la Caudière (1942 m)

Hommes de Pierre (2350 m)

Refuge du Fourcat (2445 m)

Orris de la Caudière (1942 m)

Orri de Journosque (1786 m)

GR 10 A
(page 67)

| 2.30 | 3.00 | 2.00 |
| 3.40 | 2.10 | 3.00 |

(1580 m)

Col Dret (1454 m)

Granges de Bertronnes (1100 m)

Aulus-les-Bains (750 m)

Pont des Artigous (1060 m)

Cascade d'Ars (1485 m)

Cascade du Fouillet (1300 m)

Col d'Escots (1618 m)
(□ à Guzet-Neige, à 45 min.)

St-Lizier-d'Ustou (740 m)
(□ au Trein d'Ustou, à 15 min.)

Turon d'Isaac (1125 m)

(1100 m)

Oust (527 m)
(□ à Seix, à 30 min.)

| 45 | 1.55 | 1.35 | 3.00 | 2.00 | 1.40 | 3.20 |
| 20 | 2.40 | 1.00 | 2.30 | 3.00 | 1.20 | 4.10 |

© FFRP - Reproduction interdite

Le guide et son utilisation

La description des itinéraires est présentée en regard de la reproduction de la carte IGN au 1 : 50 000 correspondante où le tracé du sentier est porté en rouge.

En règle générale, les cartes sont orientées Nord-Sud (le Nord étant donc en haut de la carte). Dans le cas contraire, la direction du Nord est indiquée par une flèche en rouge.

Sur les cartes et dans la description des itinéraires, à côté de certains points de passage, sont mentionnés des repères ; ils permettent de situer ces lieux avec plus de précision.

Un plan de situation, dans le rabat de la couverture, permet de localiser les itinéraires.

Un tableau des ressources (p. 6) recense une grande partie des ressources (ravitaillement, restaurant, transports, etc.) utiles aux randonneurs.

Des suggestions, à la rubrique Idées rando (p. 7) sont proposées à titre indicatif.

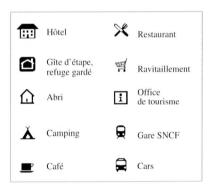

Hôtel		Restaurant	
Gîte d'étape, refuge gardé		Ravitaillement	
Abri		Office de tourisme	
Camping		Gare SNCF	
Café		Cars	

Les temps de marche indiqués dans ce guide correspondent à une marche effective, sans pause ni arrêt, accomplie à la vitesse de 4 km/h.

Sur un parcours comportant un dénivelé important, le calcul est différent : il faut considérer qu'un randonneur moyen effectue 300 m de montée et 400 à 500 m de descente à l'heure. Bien entendu, chacun doit interpréter ces temps en fonction de son chargement.

Balisage et itinéraire

Le parcours correspond à la description qui est faite dans le topo-guide. Toutefois, dans le cas de modifications d'itinéraire, il faut suivre le nouveau balisage qui ne correspond plus alors à la description. Ces modifications sont publiées, quand elles ont une certaine importance, dans la revue *Randonnée Magazine* et sur le Minitel de la FFRP *3615 Rando*.

Les randonneurs utilisent balisages et topo-guides sous leur propre responsabilité.

Les balisages effectués par les bénévoles de la Fédération n'ont pour objet que de faciliter aux utilisateurs la

pratiques

lecture du terrain qu'ils parcourent, en suggérant un itinéraire intéressant au point de vue sportif, culturel, esthétique,… suivant le cas. C'est au randonneur d'apprécier si ses capacités physiques et les conditions du moment (intempéries, circulation, état du sol, etc) lui permettent d'entreprendre la randonnée, comme il le ferait sur n'importe quel itinéraire ni décrit, ni balisé, et de prendre les précautions correspondant aux circonstances.

Les renseignements fournis dans le topo-guide, exacts au moment de l'édition de cet ouvrage, ne sont donnés qu'à titre indicatif et n'engagent en aucune manière la responsabilité de la FFRP.

Cartographie

Les cartes reproduites dans ce guide sont au 1 : 50 000. Toutefois, les cartes suivantes peuvent être utiles :

• Cartes IGN au 1 : 25 000 n° 1947 OT, 2047 OT et ET, 2048 OT, 2148 OT et ET.

• Carte IGN au 1 : 100 000 n° 71.

• Carte Michelin au 1 : 200 000 n° 86.

• Cartes Randonnées Pyrénéennes au 1 : 50 000.

La FFRP ne vend pas de cartes. On se procurera les cartes Michelin auprès des libraires et papeteries. Pour les cartes IGN, on s'adressera à l'Institut Géographique National, *Espace IGN*, 107, rue La Boétie, 75008 Paris, tél. 43 98 85 00 ou aux agents de vente régionaux de l'IGN, les libraires et les papeteries figurant sur la liste dressée par l'IGN. On peut également s'adresser à Randonnées Pyrénéennes (voir Adresses utiles).

Equipement, difficultés, période conseillée

Il est conseillé de lire le *Guide Pratique du Randonneur* (éd. FFRP) qui contient de nombreux renseignements utiles.

Course en général de moyenne montagne, le GR 10 est à la portée de tout randonneur bien entraîné, habitué à la marche en terrain varié, parfois même accidenté et au port d'un sac chargé.

Le GR 10 emprunte presque toujours un chemin existant jalonné, de la simple trace d'alpage au tronçon de route, en passant par le chemin muletier et le sentier. Le seul danger à craindre est le mauvais temps (brouillard, neige ou orage) qui peut apporter de la difficulté.

Les années de faible enneigement, les cols sont praticables dès la mi-juin bien qu'encore enneigés. Fin juin est l'époque la plus favorable, les jours sont longs et la floraison est intense.

Recommandations

Le randonneur parcourt l'itinéraire décrit, qui utilise le plus souvent des voies publiques, à ses risques et périls. Il reste seul responsable, non seulement des accidents dont il pourrait être victime, mais des dommages qu'il pourrait causer à autrui tels que feux de forêts, pollutions, dégradations,... *Certains itinéraires empruntent des voies privées : le passage n'a été autorisé par le propriétaire que pour la randonnée pédestre exclusivement.* De ce qui précède, il résulte que le randonneur a intérêt à être bien assuré. La FFRP et ses associations délivrent une licence intitulée *Randocarte* incluant une telle assurance.

N'abandonner aucun détritus, objets en verre (cassés ou non), boîtes de conserve, boîtes et sacs en « plastique », ne jamais les enterrer, mais les emporter pour les jeter sur les décharges publiques ou dans les poubelles.
Se rappeler qu'il est interdit de fumer et de faire du feu dans les forêts ou même à proximité de leurs lisières ; pas de feu non plus près des meules de foin ou de paille, des tas de bois, des haies, etc. Ne jamais abandonner un feu sans en avoir soigneusement éteint les braises et ensuite dispersé les cendres.
Se conformer strictement à la réglementation applicable à l'intérieur des parcs nationaux et régionaux, et à celle

qui concerne le camping. Se renseigner auprès des autorités compétentes (gardes, maires, agents de l'ONF, etc.)

Tenir les chiens en laisse, surtout à proximité des habitations et des troupeaux, ainsi qu'en forêt et dans les parcs où une réglementation existe. Conduisez-vous partout en invités discrets, dans ce milieu rural qui vous accueille, vous êtes partout chez quelqu'un.

Accès aux itinéraires

■ SNCF

Le GR 10 est accessible en train à partir de la gare de Mérens-les-Vals (ligne Toulouse - La Tour-de-Carol).

■ Cars

• Sentein et Bordes-sur-Lez : cars Emile Rives, tél. 61 66 26 56 pour Saint-Girons.

• Moulin Lauga et Couflens : cars Denamiel, tél. 61 66 24 37 pour Saint-Girons et Ustou.
• Saint-Lizier-d'Ustou : cars Denamiel, tél. 61 66 24 37 pour Saint-Girons et Ustou.
• Aulus-les-Bains : cars Amiel, tél. 61 66 08 87 pour Saint-Girons et Toulouse.
• Auzat et Siguer : autobus de la Salt, tél. 61 48 61 51 pour Tarascon-sur-Ariège.

Hébergements

L'appellation « Randoplume » désigne des gîtes labellisés, au confort amélioré.

Les informations données ci-dessous, exactes au moment de cette édition, peuvent changer. Il est prudent de vérifier.

■ Gîtes d'étape

• Fos (31440)
18 places, au Moulin (sud-Est de Saint-Béat), Mme Escots, tél. 61 79 87 85.

• Eylie-d'en-Haut (09800 Sentein)
15 places, Arlette Bernié, tél. 61 96 14 00 ou 61 96 71 20.

• Bonac (09100)
25 places, Relais Montagnard, Serge Fa, tél. 61 66 75 57.

• Rouze-d'Ustou (09140 Ustou)
18 places, *Randoplume* 1 étoile, Pierrette Assemat, tél. 61 66 95 45.

• Aulus-les-Bains (09140)
15 places, Guy Garcia, tél. 61 96 02 21.

• Mounicou (09220)
16 places, Eugénie Denjean, tél. 61 64 87 66.

• Pradières-d'en-Haut (09220 Auzat) Maisons Familiales de Vacances de Pradières, tél. 61 64 84 78.

• Goulier (09220)
20 places, relais de l'Endron, repas et ravitaillement possible, Magaly Moro, tél. 61 03 80 70, *ristourne de 5 % sur présentation de la licence FFRP ou de la carte d'adhésion à Randonnées Pyrénéennes.*

• Mérens-les-Vals (09580)
40 places, *Randoplume* 1 étoile, Stéphanie Fabert, tél. 61 64 32.

• Aleu (09320)
20 places, La Rouère, Raymond Marongin, tél. 61 96 89 94.

• Cominac (09140 Ercé)
25 places, Association La Grande Ourse, Michel Blavet, tél. 61 66 95 79.

> Attention aux cabanes pastorales ! Elles sont de faible capacité et réservées évidemment, en priorité, aux besoins pastoraux. La mention *refuge*, portée sur les cartes et dans le texte descriptif, est donc sujette à caution.

■ **Refuges gardés**

• Étang d'Araing (09800 Sentein)
50 places, gardé du 15/06 au 30/09 et les week-ends de mai, juin et d'octobre, repas, Frédéric Mata, tél. 61 96 73 73, hors saison : local de 15 places.

• Les Estagnous (09800 Bordes-sur-Lez)
75 places, gardé du 01/07 au 15/09 et les week-ends de juin, septembre et d'octobre, repas, Nicolas Rouchié, tél. 61 96 76 22, hors saison : local de 12 places.

• Étang Fourcat (09220 Auzat)
25 places, gardé du 01/07 au 15/09, possibilité d'accueil de groupes en juin et d'octobre, repas, Jean-Claude Perry, tél. 61 65 43 15, hors saison : local de 10 places.

• Bassiès (09220 Auzat)
50 places, gardé du 01/06 au 01/09 et les week-end du 15/05 au 01/06 et du 30/09 au 15/10, Philippe Dupui, tél. 61 64 89 98, hors saison : local de 15 places.

• Rulhe (09310 Aston)
51 places, gardé du 01/06 au 30/09 et vacances scolaires (se renseigner), Michel Rouja, tél. 61 65 65 01, hors saison : local de 15 places.

Adresses utiles

> Centre d'information *Sentiers et randonnée*
> 64, rue de Gergovie, 75014 Paris, tél. 45 45 31 02.

• Comité départemental de la randonnée pédestre de l'Ariège
M. Grassaud, 5, rue Phœbus, 09000 Foix.

• Randonnées Pyrénéennes
4, rue Maye-Lane, 65420 Tarbes-Ibos, tél. 62 90 09 92.
• Conservatoire des montreurs d'ours
Mairie, 09140 Ercé, tél. 61 66 86 00.

• Gendarmerie de haute montagne de Savignac-les-Ormeaux
Tél. 61 64 22 58.
• Météorologie
Ariège, tél. 36 68 02 09 (répondeur).

Bibliographie

• Guide Bleu, *Pyrénées-Aquitaine*, Hachette.
• Guide Vert, *Pyrénées,* Michelin.
• *Gîtes et refuges,* A. et S. Mouraret, éd. La Cadole, 78140 Vélizy.
• *Quand l'Ariège changea de siècle*, Pierre Salies.

• *Randonnée pédestre,* A. M. Minvielle, éd. R. Laffont.- FFRP.
• *Haute randonnée pyrénéenne,* G. Véron, éd. Randonnées Pyrénéennes.
• *L'Ours, du mythe à la réalité*, association les Amis de l'Ours à Saint-Lary.

Troupeau.
Photo
Marie-France
Hélaers.

Eh oui, nous l'aimons bien notre montagne, et si vous lisez ces quelques lignes, c'est bien qu'elle vous intéresse aussi un peu !

Les Pyrénées, c'est comme un gros poisson perdu entre deux mers, la tête plongeant dans l'Atlantique, la queue dans la Méditerranée. Sur l'arête principale orientée Ouest-Est s'enracinent des arêtes secondaires orientées Sud-Nord. Dans l'Ariège, la crête frontière culmine à 3 143 m à la Pique d'Estats et les reliefs secondaires sont cisaillés par des vallées profondes.

Toute la région montagneuse au cœur de la chaîne fait partie de la « zone axiale » taillée dans des roches très anciennes, souvent primaires, qui ont été portées en altitude à l'ère tertiaire. On y trouve essentiellement des schistes, des granits et gneiss. L'ensemble de l'édifice a subi une puissante érosion au quaternaire : les glaciers ont acéré les pics, entaillé les cirques, élargi les vallées.

Avec le GR 10, vous découvrirez tout cela et vous aurez aussi un aperçu de la végétation pyrénéenne. Sur les pelouses d'altitude, vous verrez le redoutable « gispet » (1) mais aussi le

Vers le col de Beil.
Photo Marie-France Hélaers.

18

traversée

Granges.
Photo Marie-France Hélaers.

rhododendron, la myrtille et la bruyère. Dans la forêt, l'arbre-roi est le hêtre, le sapin très utilisé jadis par l'homme est plutôt rare, quelques pins à crochets arrivent parfois très haut (2 400 m).

Mais la montagne, c'est aussi l'histoire de l'homme. Elle a toujours été exploitée : les jasses, les orrys et les cabanes, les cairns, les croix, tout cela révèle la présence très ancienne des bergers et des troupeaux. Les villages entourés de terrasses à l'aban-

don sont les témoins d'une civilisation moribonde qui reposait sur un formidable labeur sans cesse renouvelé. Les gens sont partis, mais ils ont laissé leur marque sur les pentes.

De l'étang d'Araing et du verdoyant Couserans jusqu'au Lanous balayé déjà par les effluves chaudes de la mer latine, le GR 10 vous fera découvrir de merveilleux paysages. Si vous vous levez tôt et si vous avez la chance, vous apercevrez quelquefois le blanc lagopède et le sombre tétras au vol sourd et, merveille des merveilles, le bel isard rapide, élancé, racé, traversant avec une facilité déconcertante le névé pentu et ramonant à peine les cheminées.

Fermez vite ce livre et partez vers Izourt ou vers les Bassiès, vers Goulier ou vers Aulus : les balises blanches et rouges du GR 10 vous attendent, le sentier vous conduit en ami vers les forêts, les alpages et les cimes, vers la sérénité et peut-être vers le bonheur.

(1) herbe fine et glissante aux extrémités piquantes.

Michel Sébastien

La Réserve domaniale

Situation et présentation

L e GR 10 dans la traversée du Couserans jouxte la Réserve du Valier, en vallée de Bonac, et du Ribérot et traverse la Réserve sur les communes de Bethmale et de Seix.

Cette Réserve faunistique est la plus importante de l'Ariège avec ses 9 037 hectares de superficie. Au Sud, la Réserve est adossée sur 14 km à la Réserve Nationale Espagnole de Alto Pallares Aran. Ce vaste espace protégé a gardé un aspect naturel très marqué avec en son centre, le majestueux massif du Valier qui culmine à 2 838 m. La glace et les eaux tumultueuses et puissantes des torrents d'altitude n'ont cessé de façonner le paysage. De profondes vallées torrentielles aux pentes abruptes alternent avec des cirques glaciaires. L'homme n'a pas trop marqué son passage et à part la piste pastorale du Port d'Aula qui traverse la Réserve, tous les autres accès routiers s'arrêtent en fond de vallée en bordure de la Réserve.

L'étagement de la végétation

L a Réserve est constituée de quatre forêts domaniales. La forêt y occupe 2 650 ha, soit 30 % de la superficie totale de la Réserve.

– l'étage montagnard est constitué essentiellement de forêts de hêtres purs. On rencontre néanmoins des résineux dans toutes les vallées, sous forme sporadique : sapinières reliques, pins sylvestres, pins à crochets qui représentent au total 260 ha, soit 10 % de l'espace boisé.
– à l'étage subalpin, nous rencontrons des landes à callune,

Le Mont Valier.
Photo
Pierre Cadiran/ONF.

du Mont Valier

myrtilles, genévriers, ainsi que des pelouses.
– l'étage alpin est constitué de pelouses, landes à rhododendrons alternant avec des rochers.

A l'étage subalpin et alpin :

– les landes représentent 2 450 ha, soit 27 % de la Réserve
– les pelouses représentent 3 000 ha, soit 33 % de la Réserve
– les rochers représentent 950 ha, soit 10 % de la Réserve
– l'étage nival est réduit au petit glacier de la face orientale du Mont Valier.

Historique

Créée en 1937 par les Eaux et Forêts, l'objectif initial de la Réserve du Valier était de sauver certaines espèces animales et plus particulièrement : isards, grands tétras et lagopèdes menacés d'extinction à cause de la chasse.

Gestion et objectifs

La Réserve du Mont Valier est gérée par l'Office National des Forêts, les objectifs de la Réserve sont les suivants :

– protection du milieu montagnard,
– en collaboration avec des scientifiques et universitaires, études et approfondissement des connaissances sur la faune de montagne,
– gestion intégrée de l'espace naturel,
– territoire d'accueil du public et formation dans le domaine de l'environnement.

Le pastoralisme

L'activité pastorale est encore active sur la Réserve durant la saison estivale. De nombreux moutons, des chevaux et quelques vaches occupent les zones d'estive. Ces animaux domestiques concourent à l'entretien des pâturages d'altitude. Les cadavres assurent un apport alimentaire non négligeable pour les rapaces et notamment les vautours fauves.

Pastoralisme sur le Mont Valier.
Photo Pierre Cadiran/ONF.

La faune présente sur la Réserve

L a diversité faunistique de la Réserve est remarquable : l'isard, le grand tétras, le lagopède alpin et les grands rapaces sont les fleurons de la Réserve. Pour qui sait faire preuve de patience et d'un peu de sens de l'observation, certaines espèces sont faciles à débusquer. C'est le cas de l'isard *(rupicapa pyrenaïca)*, le chamois des Pyrénées s'alimente dans les pâturages du lever du jour jusqu'à 10 h environ. En scrutant attentivement aux jumelles un versant de montagne au-dessus de la zone forestière, vous avez de fortes chances de trouver quelques isards voire même des hardes de 50 à 100 individus. La population d'isards de la Réserve est passée de quelques dizaines en 1937 à environ 2 000 isards actuellement.

La marmotte qui a été introduite dans les années 60 à 70 est en pleine phase de colonisation. Elle se rencontre facilement près du Port d'Aula, dans les pierriers situés à plus de 2 000 m d'altitude.

Marmotte. *Photo Pierre Cadiran/ONF.*

Isard. *Photo Pierre Cadiran/ONF.*

Les grands rapaces fréquentent activement la Réserve durant les beaux jours. Ils profitent des heures chaudes de la journée pour s'élever dans le ciel grâce aux effets thermiques déclenchés par le soleil.

Plusieurs couples d'aigles royaux habitent le site. La silhouette toute noire des adultes, les immatures à la queue blanche et noire et des voyants blancs plus ou moins importants sous les ailes, rendent cette espèce facilement reconnaissable.

Les vautours fauves ont de larges ailes bicolores (fauve et noire), la tête est fine et la queue courte. Ils sont présents uniquement durant la saison estivale. Des rassemblements importants, jusqu'à 50 oiseaux, sur une carcasse de mouton peuvent être observés.

Un autre vautour prestigieux et rare fréquente le massif du Valier : le gypaète barbu. D'une envergure équivalente au vautour fauve (2,80 m) cet oiseau spécialisé se nourrit d'os. Il est capable de casser les os trop gros en les lâchant sur des pierres depuis une hauteur de 50 m. Quelques indi-

vidus seulement de cette espèce fréquentent le Valier. Les critères de reconnaissance du gypaète sont les suivants :
– les ailes sont noires, le corps plus ou moins jaune orange suivant l'âge,
– la tête est noire chez les jeunes et les immatures, elle devient jaune chez l'adulte à partir de 5 ans.

La forêt est le domaine du grand tétras, ce gros oiseau de 2 à 4 kg, suivant le sexe, fréquente la hêtraie et la sapinière. Au printemps les mâles se rassemblent sur les places de chant, en moyenne 3 à 5 coqs par place. Là, tous les jours durant un mois, ils défendent leur territoire et attendent les femelles. Cette espèce particulièrement sensible aux perturbations du milieu est encore bien représentée dans les Pyrénées, environ 50 tétras sur la Réserve, plusieurs milliers sur l'ensemble de la chaîne.

Dans les zones d'estive, on recherchera les indices de présence de certains animaux :

Grand Tétras Coq.
Photo Pierre Cadiran/ONF.

– Le lagopède alpin, ce tétraonidé de 400 g environ, vit toute l'année en haute montagne au-dessus de 1 800 m. En hiver son plumage est tout blanc ce qui lui assure un camouflage sur la neige. Les crottes cylindriques d'un diamètre inférieur à celui d'un crayon sont blanches à un extrémité lorsqu'elles sont fraîches.
– Le sanglier signe sa présence bien au-dessus des lisières forestières, en retournant parfois plusieurs mètres carrés de pelouse à la recherche de tubercules et de vers.
– La perdrix grise des Pyrénées vit dans les estives entre 1 400 m et 2 000 m, on peut rencontrer des compagnies de 10 à 15 oiseaux. Des crottes torsadées, bien vertes avec une extrémité blanche sont bien caractéristiques du lagopède.
– Le renard est omniprésent à toutes altitudes et en toutes saisons.
– Le chat sauvage laisse parfois quelques empreintes sur les sentiers, le lynx est rarement observé.

Vous rencontrerez de nombreux passereaux en montagne, les plus courants sont : le pipit spioncelle, le traquet motteux, le rouge-queue, l'accenteur alpin. Mais vous pourrez observer d'autres oiseaux plus rares : la niverolle, le merle à plastron, le merle de roche et même le discret tichodrome.

Sachez profiter de cette nature sauvage tout en évitant de perturber le milieu, respectez la flore. Les chiens sont interdits dans la Réserve.

Documentation, Denis Nebel, ONF Seix.

Le GR® 10
de Melles à Merens-les-Vals

Fos • 544 m

① Le GR 10 emprunte à nouveau la N 125, puis la route D 44 pour monter à

1 h • Melles • 719 m

Sortir du village en empruntant la route D 44, qui domine le ruisseau de Maudan, jusqu'au hameau de

1 h 30 • Labach-de-Melles • 980 m

➡ La traversée du plateau d'Uls ne doit être entreprise que par beau temps, car l'orientation est difficile par temps de brouillard.

Suivre le sentier qui reste sur le flanc droit du val de Maudan. Franchir le ruisseau de Séridède, laisser à gauche l'embranchement du chemin qui mène aux anciennes mines de blende de Pale Bidau, franchir le ruisseau la Goute de Peyre-Nère. Le sentier s'élève dans la forêt de hêtres et atteint la cascade d'Auède. Sauter le torrent et passer rive gauche. Le flanc exposé au Nord que traverse le GR 10 est plus humide, on trouve sur la droite, avant de pénétrer dans la forêt de sapins, la fontaine des Salières. Traverser deux couloirs d'avalanche *(où de la neige séjourne tard en saison)* et sortir de la forêt. Emprunter les lacets du chemin au lieu-dit les Angles, franchir un ruisseau et arriver sur un

② **2 h 30 • plateau marécageux • 1 868 m**

A 200 m au Sud, se situe la cabane d'Uls (9 places, source).

Remonter un léger escarpement et traverser Sud-Est les pacages d'Uls.
A droite, à 300 m environ, on aperçoit les anciennes mines de blende.
Le chemin, tout d'abord bien marqué, se perd quelque peu dans la pelouse en remontant le flanc de Canau Grande ; le retrouver nettement avant le

1 h 10 • pas du Bouc • 2 170 m

Suivre un sentier vers le Sud-Est et gagner le

20 min • col d'Auéran • 2 176 m

⇒ On peut gravir facilement le Pic de Crabère en 1 h 30.

Le GR 10 quitte le col d'Auéran en descendant sur le versant Est du col, domine l'étang d'Araing et parvient au

③ **30 min • refuge de l'Etang d'Araing • 1 950 m**

⇒ Départ, vers le Nord, du GR de Pays Tour du Biros.

Le sentier passe au-dessous du barrage, devant la cabane de l'étang *(10 places)*, remonte vers le Sud-Est par des alpages dénudés, en suivant approximative-ment une ligne à haute tension. Ne jamais perdre de vue celle-ci car traver-sant un terrain caillouteux, le chemin se perd quelquefois dans les éboulis. Aboutir au sommet des hauts prés à 150 m à gauche du pylône le plus élevé pour atteindre la

45 min • serre d'Araing • 2 221 m

Belvédère offrant des vues sur les montagnes du Couserans.

Toujours à gauche de la ligne électrique, le sentier descend assez rapidement, puis il court au bord d'une falaise ; on domine l'étang de Chichoué qui ali-mentait le petit barrage des mines de Bentaillou. Le GR 10 continue de des-cendre ; passer devant trois bornes de pierre blanche et un cippe funéraire. Arriver aux

45 min • bâtiments de la mine de Bentaillou • 1 870 m

Abri à l'extrémité Est de l'exploitation, 6 places.

La mine produisait du plomb argentifère et du zinc.
⇒ Ne pas s'aventurer dans les galeries, danger d'éboulement.

Le GR 10 quitte la mine de Bentaillou en s'orientant vers le Nord, il passe en contrebas de la cabane *(qui peut servir d'abri)* puis il file vers l'Est. Passer au-dessus de la grotte de la Cigalère.

Descendre sur un terrain herbeux en direction du

30 min • col de la Catauère • 1 706 m

Laisser le col au Sud ; en suivant les pylônes portant les câbles et les wagonnets de l'ancienne exploitation, parvenir, par des lacets à la station de Rouge (1 550 m) *(Ne pas s'aventurer dans les galeries de mines)*. Quitter la station par un chemin en forte déclivité aux nombreux lacets. Pénétrer dans une futaie de hêtres ; à la sortie de la forêt, on découvre le village d'

1 h 50 • Eylie-d'en-Haut • 990 m

Contourner l'usine abandonnée et partiellement ruinée du Bocard *(broyage et lavage du minerai)*. S'engager ensuite dans un couloir sauvage aux parois sombres et humides au fond duquel coule la rivière

15 min • le Lez • 960 m

➡ En cas de crue, on pourra, plus en aval, franchir le Lez sur un ponceau construit au cœur de l'usine, puis suivre vers le Sud la piste pour rejoindre le GR.

Le GR franchit la rivière sur une passerelle provisoire et coupe la piste menant à l'usine.

Hors GR • 1 h 30 • Sentein • 735 m

Emprunter la piste vers le Nord puis la route sur 6 km.

Le GR quitte la vallée du Lez en prenant vers l'Est le chemin des mineurs qui se rendaient aux mines de Bulard, exploitées sur le versant espagnol. On domine la vallée du Lez, au centre de laquelle on aperçoit l'usine hydroélectrique d'Eylie. Franchir à gué le ruisseau de Mont Ner (1 180 m) puis pénétrer dans le bois de Laspe. Monter par un chemin aux nombreux lacets pour sortir de la forêt et atteindre un

⑤ 2 h 15 • embranchement de sentiers • 1 650 m

➡ Départ de la variante GR 10 E conduisant au gîte de Bonac ; pour la suite de l'itinéraire du GR 10, voir page 31.

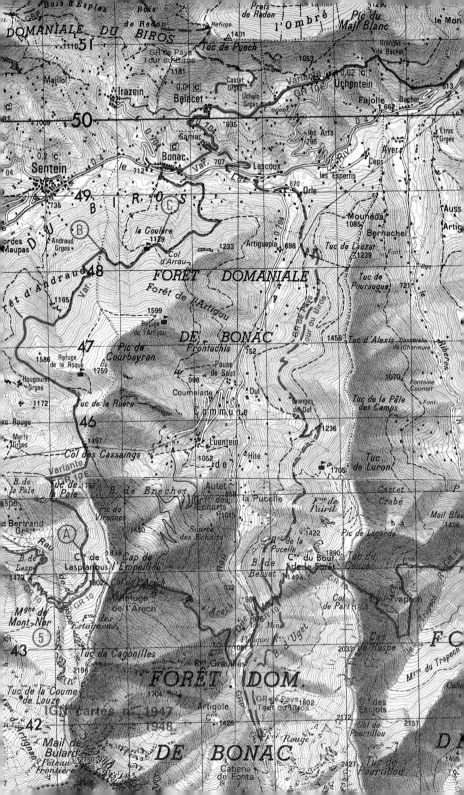

(5) De l'embranchement de sentiers, se diriger vers l'ancienne tour pour atteindre un abri de berger en pierre ; passer devant. Poursuivre sur quelques mètres jusqu'au virage du sentier. S'engager à gauche à travers des rhododendrons. Franchir un ruisseau et passer 10 m au-dessus d'un gros pylône (*câble minier*).

(A) Passer à proximité d'une source qui jaillit de sous un hêtre. Pénétrer dans un bois pour parvenir au

45 min • col des Cassaings • 1 497 m

Appelé aussi localement col d'Escassaing.

Partir à gauche de la cabane (Nord) par le sentier dont la descente est presque imperceptible. Le sentier est, par endroits, taillé dans le roc. Traverser une prairie et quelques fougères, puis arriver à l'entrée du bois. Peu marqué par endroits, le sentier débouche sur une piste forestière. L'emprunter pour traverser la combe d'Andraud et, plus loin, bifurquer à gauche pour rejoindre une crête (1 170 m).

(B) Prendre à droite la piste plate qui atteint des baraques forestières ruinées et la

1 h 35 • cabane de l'Araing • 1 129 m

Abri de fortune, 10 m en dessus de la piste.

L'origine du mot Ariège. On a longtemps cru que le mot Ariège et Oriège provenait de la présence de l'or dans ces rivières. On a même proposé une origine latine *aurigera*, « qui charrie de l'or ». Mais l'orpaillage, qui a été effectivement pratiqué dans ces cours d'eau, est trop récent pour fournir une explication valable et les linguistes s'entendent aujourd'hui pour retenir une thèse plus plausible, plus banale aussi, celle d'une racine, beaucoup plus ancienne, euskarienne (basque) *Kar-Ekku*, que l'on retrouve encore de nos jours réduite à *Rekku* sous la forme *rec, reg* qui désigne des petits torrents montagnards (cf. le *Rec de Peyre Escrite* sur le Tour du Capcir).
Sur la carte de Cassini (18e siècle), l'Ariège et le Vicdessos portaient le nom d'Oriège, nom qui actuellement est celui d'un affluent qui vient se jeter dans l'Ariège à Ax-les-Thermes. Ce doublet Oriège-Ariège, souvent constaté dans les archives, ne sera aboli au profit d'Ariège que sur le cadastre napoléonien. C'est sans doute l'attraction des noms Orlu et Orgeix, villages arrosés par l'Oriège, qui a laissé à ce dernier sa forme présente. L'origine euskarienne, elle aussi d'Orlu et d'Orgeix, proviendrait de *Ur*, racine signifiant banalement « eaux », un élément majeur à n'en pas douter dans cette région d'Ax.

S'engager dans une légère montée, entre le refuge et les baraques en ruine. Quitter la piste, s'enfoncer sur la gauche dans les fougères puis dans le bois pour rejoindre un sentier qui descend au village de

45 min • Bonac • 706 m

De l'église, emprunter la D 4 vers l'Est, puis s'engager à gauche dans un chemin conduisant au hameau de Samiac. Emprunter la D 704 pour monter à Balacet puis poursuivre par la route jusqu'à

1 h 15 • Uchentein • 950 m

S'engager dans un chemin qui descend dans la vallée du Lez pour arriver à la D 4 ; l'emprunter à gauche sur 500 m.

Ⓓ Poursuivre à droite par un chemin de terre, atteindre une conduite d'eau EDF à ciel ouvert *(alimentation de la centrale de Bordes)*. Longer cette conduite jusqu'à proximité de la passerelle d'Artiguenu.

Ⓔ Abandonner la conduite pour utiliser un chemin forestier conduisant à l'

3 h 15 • étang de Bethmale • 1 060 m

➡ Jonction avec le GR 10.

Église de Bethmale.
Photo
F. de Richemond/
Photodéco.

(5) De l'embranchement du GR 10E, le GR 10 parcourt à travers les estives le flanc Nord du massif du Mail de Bulard. *On aperçoit l'ancienne tour qui servait à réceptionner les bennes venant de la mine exploitée en Espagne.* La contourner par le Sud en passant près d'une cabane en ruine et sous les crêtes de la Montagne de Mont Ner pour atteindre le

30 min • col de l'Arech • 1 802 m

Vaste panorama ; on peut voir tout le chemin déjà parcouru depuis la Serre d'Araing.

Le GR 10 descend (Sud-Est) sur un terrain caillouteux jusqu'à la

15 min • cabane pastorale de l'Arech • 1 638 m

⌂ *Abri de 4 places, source au Sud de la cabane.*

Emprunter, vers l'Est, une piste forestière jusqu'à un carrefour (1 580 m) avec le sentier qui vient du col des Cassaings.

(6) Le GR 10 abandonne la piste forestière qui se dirige plein Nord pour suivre, vers l'Est, une trace (rive gauche) sur le flanc très raide de la montagne qui borde le ruisseau de l'Arech, jusqu'à l'orée de la forêt : se diriger alors, horizontalement, vers la droite, pour traverser le ravin à l'altitude de 1 312 m. Entrer dans la forêt et poursuivre vers le Sud-Est pour atteindre la

(7) **55 min • crête de Darnaca • 1 242 m**

Ancienne mine.

Descendre sur la crête Nord-Nord-Est sur quelques mètres pour tourner au Sud et gagner le fond de la vallée d'Orle. Arriver à la

(8) **20 min • passerelle de Grauillès • 1 081 m**

Cabane de Grauillès, située à 350 m en amont, 2 places sur bat-flanc, cheminée et grenier habitable (10 places).

Le GR 10 emprunte la passerelle et suit vers l'aval, sur rive droite, le ruisseau d'Orle jusqu'aux

(9) **15 min • ruines du hameau Flouquet • 1 050 m**

Variante

Cet itinéraire, qui emprunte le Tour du Biros, permet de retrouver 1 h 20 plus tard, le GR 10 en rive droite de la vallée d'Orle à la cote 1 250.

La deuxième moitié de ce parcours utilise une ancienne voie ferrée ayant servi à transporter le minerai venant de Port-d'Orle. On y franchit deux tunnels assez obscurs où une lampe électrique sera utile. Ces tunnels hauts de 1,60 m peuvent présenter quelques difficultés pour les randonneurs chargés.

Le GR 10 parcourt encore 300 m vers l'aval jusqu'à l'étranglement de la vallée ; traverser un débouché de torrents et prendre, aussitôt après le sentier du bois de Besset. Gravir les lacets serrés, d'abord dans une clairière, à droite du ravin, ensuite à travers le bois de Besset.

(10) Peu après l'entrée de ce bois, croiser l'ancienne voie ferrée *(Jonction avec le GR de Pays Tour du Biros)*. A l'altitude de 1 400 m environ, traverser des pacages. Arriver à la

1 h 30 • cabane de Besset • 1 494 m

⌂ *Dénommée aussi du Bout de la Forêt.*
Abri de 5 places (possibilité de faire du feu). Adduction d'eau devant la cabane entièrement rénovée par l'ONF et la commune de Bonac.

Monter d'abord (Sud-Est) vers un promontoire rocheux, ensuite au Nord, puis au Nord-Est vers un alignement de rochers issu du col. Aboutir sur la coulée herbeuse orientée au Sud-Est pour arriver au

(11) **1 h 10 • clot du Lac • 1 821 m**

Cabane pastorale occupée par un berger.

Partir, en direction du Sud-Est sur 1 km, vers le grand ravin du Trapech, puis perdre de l'altitude, par des lacets, sur le chaînon qui le borde au Nord. Au point le plus proche de ce ravin (1 650 m), s'orienter vers le Nord - Nord-Est pour s'en écarter définitivement et revenir dans le vaste et profond vallon à pacages où s'échelonnent les cabanes ; le traverser pour aller à la

40 min • cabane du Trapech du Milieu • 1 540 m

⌂ *Abri de 6 places, possibilité de faire du feu, source.*

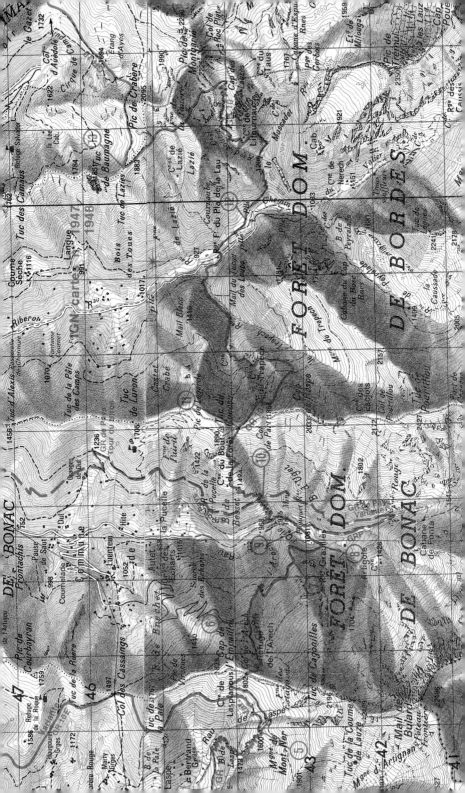

Emprunter un chemin en lacets qui mène à la cabane de l'Artigue. Franchir le ruisseau et descendre, rive gauche *(au départ, contourner un glissement de terrain)*. Avant le terre-plein d'une cabane fermée, prendre une sente pour rejoindre la route forestière. Déboucher dans une zone herbeuse au Pla de la Lau ; là, emprunter à droite la route forestière, passer le pont sur le ruisseau et gagner le

1 h 30 • refuge du Pla de la Lau • 927 m

⌂ *Deux locaux de 4 places chacun, avec bat-flanc, possibilité de faire du feu.*

Traverser le ruisseau du Ribérot sur une passerelle et remonter sur la rive droite jusqu'à la hauteur de la passerelle des Gardes.

⑫ Laisser le chemin du Mont Valier poursuivre le long du torrent, et monter en écharpe sur le versant boisé, puis, par des lacets serrés, le long des cascades du Muscadet. Franchir le ruisseau d'Aouen (1 250 m) et peu après, sortir de la forêt. S'orienter au Nord pour grimper, par de nombreux lacets, aux estives et atteindre la cabane de Litourneau (1 477 m). Monter vers le Nord, sur la rive gauche du ruisseau d'Aouen et arriver à la

2 h 40 • cabane d'Aouen • 1 620 m

⌂ *Abri de 5 places.*

Partir plein Est en longeant un ruisseau ; par un chemin en lacets, monter au

1 h • cap des Lauses • 1 892 m

⌂ *A 500 m, au Sud-Est, cabane du Taus de 5 places.*

Le GR, en direction du Nord-Ouest, se poursuit sur 2 km sur le versant du pic de Montgarie, puis du pic de Crabère et arrive au col de la Laziès (1 840 m). Le GR 10 s'oriente vers l'Est, passe au Sud de l'abreuvoir puis monte pour franchir un collet. Descendre à l'étang d'Ayes (1 694 m). Remonter (Nord-Est) jusqu'au

2 h 10 • col d'Auédole • 1 730 m

⌂ *Possibilité d'abri à la cabane du Clot d'Eliet, située sur le GR 10, à 200 m à l'Est - Nord-Est, 6 places, source en contrebas sur le versant Est.*

⇒ Départ de la variante GR 10 D ; pour la suite de l'itinéraire du GR 10, voir page 41.

Variante GR 10 D

⇒ Cette variante est déconseillée par mauvais temps.
Elle est composée de deux tronçons :
– le premier, du col d'Auédole au pas de la Core.
– le second, du pas de la Core aux carrières de marbre d'Estours.
Au pas de la Core, on retrouve le GR 10 et il est toujours possible de combiner les deux itinéraires.

(A) Du col d'Auédole, se diriger vers l'Est en gardant la même altitude sur 750 m, jusqu'à un couloir d'écoulement de l'étang d'Eychelle, flanqué sur sa droite de formidables parois (le Balam).

(B) Descendre toujours vers l'Est, au pied de la crête de Balam. Vers 1 467 m d'altitude, on est sur un beau gradin de relief glaciaire, à une encoignure du cirque. Monter légèrement vers le Nord-Est, en limite supérieure des parties boisées, puis descendre la pente gazonnée jusqu'au

(C) **1 h 15 • pas de la Core • 1 395 m**

Col situé à la pointe Nord du grand chaînon du Valier, entre les deux bassins - versant du Salat et du Lez. Emprunté par la D 17 reliant Seix (12 km) à Bordes-sur-Lez (15 km).

⇒ Jonction avec le GR 10 qui, à l'Ouest vient du col d'Auédole par l'étang de Bethmale *(cet itinéraire doit être suivi, en cas de mauvais temps, par les randonneurs venant en sens inverse du topo-guide)* ; à l'Est, il se dirige vers Estours par Moulin Lauga.

Du col, partir en cheminement horizontal vers le Sud-Est, au-dessus de la route dont on s'écarte rapidement ; 600 m plus loin, pénétrer dans le bois de l'Aube, descendre en bordure d'un creux de vallon, et remonter aussitôt dans une hêtraie pour regagner l'altitude 1 400 m. Poursuivre jusqu'à la

45 min • cabane de Luzurs • 1 410 m

⌂ *Abri de 5 places, feu possible, pas d'eau.*

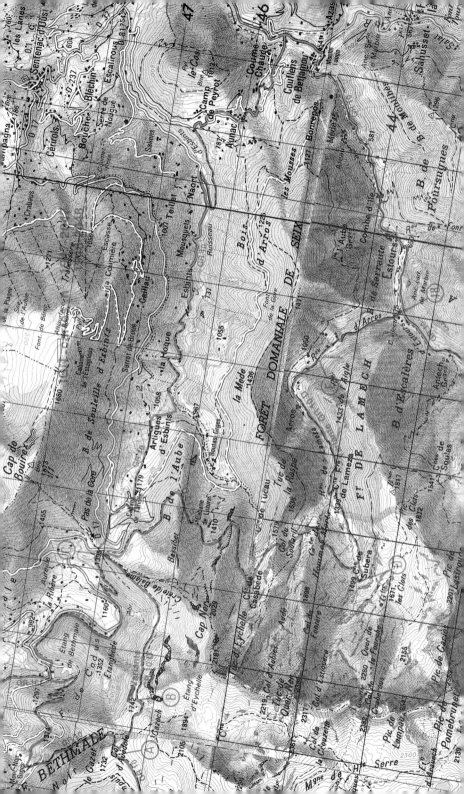

La contourner par l'Ouest en s'élevant. Après les escales de Marty *(passages dangereux en début de saison)*, parvenir dans le site de Casabède *(cabane pastorale fermée)*. Par une légère montée vers le Sud-Est, gagner le

1 h • col du Soularil • 1 579 m

Le GR 10 descend à vue au Sud-Est pour trouver un sentier d'estive qui chemine sur le versant, à l'altitude de 1 500 m ; 1 km plus loin, on arrive à la cabane de Subera *(fermée)*.

Ⓓ Abandonner le sentier et descendre le long du ruisseau sur sa rive droite. On débouche, à l'orée de la forêt, sur la cabane de Lameza *(fermée)*. En quelques ressauts, le chemin dévale les fortes pentes boisées ; on passe à une source (1 210 m). Contourner le long du ruisseau sur la rive droite et arriver à la hauteur des

1 h 30 • granges d'Arros • 1 023 m

situées sur l'autre rive.

Le GR reste encore sur la rive droite.

Ⓔ Plus loin, traverser le ruisseau d'Arros sur une passerelle et suivre un sentier sur la rive gauche pour descendre ensuite une assez forte rampe le long d'une conduite forcée alimentant une mini-centrale installée au confluent des ruisseaux d'Arros et d'Estours. Franchir le ruisseau d'Estours sur la passerelle juste devant la centrale électrique : on est alors au lieudit

⑱ **1 h • carrières de marbre d'Estours • 675 m**

Situées au confluent des ruisseaux d'Arros et d'Estours et au début d'une route empierrée.

⇒ Point de jonction avec le GR 10 qui vient de Moulin Lauga et du pas de la Core.

L'orage. Il s'agit d'un phénomène météorologique brutal. Cependant, il est possible, en scrutant le ciel de voir arriver les orages. Le cumulonimbus, énorme nuage à développement vertical est annonciateur et producteur d'orage ; un vent qui se lève subitement l'annonce également. L'orage résulte de décharges brusques d'électricité atmosphérique qui se manifestent à la fois par les éclairs et la foudre. Il est donc prudent,
en cas d'orage en montagne, de fuir les crêtes,
les sommets, les blocs isolés et les failles.
Les bulletins techniques officiels sont pour le randonneur en montagne une documentation de base sur la situation atmosphérique générale.
Météo Ariège (répondeur), tél. 36 68 02 09.

Du col d'Auédole, le GR 10 descend vers le Nord-Est jusqu'à la cabane d'Eliet. Prendre au Nord - Nord-Ouest le sentier descendant dans la forêt de Cadus jusqu'à une route forestière ; la couper pour faire face aux granges du Mont Noir.

(14) Emprunter l'ancien chemin vers l'Est *(celui-ci est situé en contrebas de la route et parallèle à celle-ci)*. Plus loin, retrouver la route que l'on remonte sur 200 m, puis, avant un grand virage, s'engager, à gauche sur un sentier descendant à l'

1 h 30 • étang de Bethmale • 1 060 m

Sur la D 17 reliant Bordes-sur-Lez (8 km) à Seix (19 km). grande maison forestière fermée. Site fréquenté.

→ Jonction avec la variante GR 10 E, voir page 31.

Contourner l'étang par le Nord (routes) en passant devant la maison forestière *(point de vue)* et aller au refuge des pêcheurs, sur la rive Est. S'élever alors jusqu'au point de rencontre (1 100 m) du sentier venant du Mont-Noir. Il s'élève au-dessus de la D 17 vers le Pas de la Core. Passer dans le cirque voisin du Clot. Pour éviter un parcours chaotique au débouché des couloirs d'avalanches du Balam, suivre la route sur 700 m environ.

(15) La quitter et s'élever en lacets jusqu'au

1 h 30 • Pas de la Core • 1 395 m

Col situé, à la pointe Nord du grand chaînon du Valier, entre les deux bassins - versant du Salat et du Lez. Emprunté par la D 17 reliant Seix (12 km) à Bordes-sur-Lez (15 km).

→ Jonction avec la variante GR 10 D qui, au Sud-Ouest se dirige vers le col d'Auédole *(ce parcours n'est à emprunter que par beau temps)* ; au Sud-Est, il se dirige vers les Carrières de marbre d'Estours par le col du Soularil, voir page 41.

Le GR 10 descend tout droit vers l'Est dans le creux d'un vallon jusqu'à une piste forestière ; la suivre à droite sur quelques mètres. La quitter à gauche pour un large chemin. A la cabane de Tariolle, abandonner ce chemin pour prendre à travers prés sur la droite jusqu'à Artigues-d'Esbints. Suivre une allée de frênes sur le replat. A son extrémité, contourner une croupe sur la gauche par un bon sentier. Passer devant une grange et une cabane de berger. Traverser le pré en oblique vers le Sud-Est, puis le Nord-Est.

Dans la vallée de Bethmale... des sabots de légende

Une vallée encaissée de quelque dix kilomètres de long, six villages et trois cents habitants accrochés à leurs Pyrénées, voilà pour le décor. Autrefois, hommes et femmes portaient tous ces curieux sabots pointus comme des chaussures à la poulaine. Reste du Moyen Age ? Peut-être, mais comment résister au merveilleux de la légende des bergers bethmalais ?

Au 8e siècle, les Maures avaient envahi la vallée. Les hommes organisèrent vite la résistance dans les montagnes, cherchant à venger leur honneur et à libérer le pays. Le fils du chef maure s'éprit d'une des plus belles filles du pays nommée Esclarelys, déjà promise au pâtre Darnert. Par une nuit de pleine lune, Darnert surprit les amants, son sang ne fit qu'un tour, son glaive en fit deux : il les égorgea. Pendant cette vengeance, les Bethmalais, livrant combat aux Maures, se firent tous tuer. De retour au village, seul survivant de tous les combattants, Darnert portait des sabots en forme de croissant de lune. Sur chaque point de sabot brillait un cœur sanglant, celui du maure à droite, celui de la promise infidèle à gauche.

Aujourd'hui les sabots ne se fabriquent plus à la maison et le sabotier n'habite plus la vallée. C'est à Castillon-en-Couserans, et depuis peu dans le proche village d'Audressein, qu'il faut chercher son atelier. Pour vivre, il fabrique des sabots de forme classique, cherche à créer des modèles pratiques et légers tout en conservant le façonnage des sabots bethmalais.

Première difficulté : trouver dans les forêts proches les souches coudées naturellement, en sève - on travaille le bois vert -, qui permettront d'obtenir une ébauche d'une seule pièce. Le bois idéal reste le noyer, introuvable ; aussi la fabrication se fait-elle surtout avec bouleau, hêtre ou aulne. Malheureusement, la politique de reboisement favorise l'arrachage de ces feuillus traditionnels au profit des conifères, de croissance plus rapide mais inutilisables en saboterie !

Former un sabot, c'est avoir la force et le coup de main pour manier les outils, mais surtout posséder un coup d'œil sûr qui permettra de créer deux chaussures égales en taille, en forme et en poids. Un travail mal fait entraîne la déformation du pied, la fatigue, le manque de confort, tout ce que refuse l'amateur de sabots, qui apprécie l'une des plus « intelligentes » chaussures du monde.

Après un an de séchage, le sabot ébauché est repris de l'intérieur et de l'extérieur pour subir le polissage au racloir. Passé au brou de noix pour la coloration, il reçoit ensuite sa garniture. La pointe est gravée à la rainette, puis le dessus est recouvert d'un morceau de cuir noir fixé par des clous dorés. La finition traditionnelle exige un

Sabotier.
Photo
F. de Richemond/
Photodéco.

cœur et un grain de sarrasin (trois petits clous côte à côte), toujours en clous dorés.

Lorsque Monsieur Bareille prit sa retraite en 1981, on a craint de devoir parler des sabots bethmalais au passé. Par chance, un jeune artisan de vingt ans, parisien épris du pays, s'est découvert une passion pour les sabots de la vallée. En apprentissage depuis deux ans chez Monsieur Catala, il assure ainsi la relève qui semblait compromise ces derniers mois. Deux ans d'apprentissage, c'est approximativement le temps nécessaire à un artisan doué pour assimiler le coup de patte nécessaire dans une telle profession qui implique patience, technique, habilité, qualités artistiques, rigueur dans le calcul et dans l'entretien de l'outillage.

Extrait de l'ouvrage : « *Pays et Gens du Midi pyrénéen* »
Sélection du Readers's Digest (Larousse)

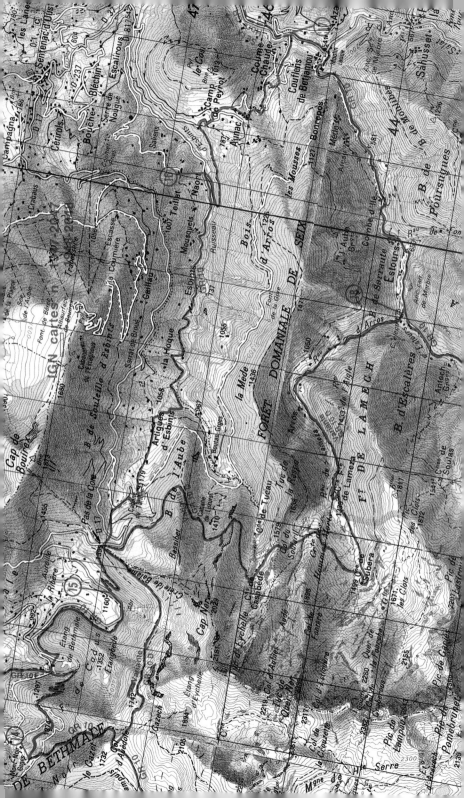

Par un sentier bien marqué, descendre dans la vallée en suivant la rive gauche du ruisseau d'Esbints jusqu'au hameau d'

1 h 15 • Esbints • 810 m

Le GR 10 emprunte la D 817 vers l'Est.

(16) A une bifurcation, obliquer à droite par un large chemin jusqu'au ruisseau d'Esbints ; le franchir sur une passerelle et monter à gauche par un sentier à travers une forêt de buis jusqu'à la route d'Aunac. L'emprunter à droite (Sud-Ouest) ; 300 m plus loin, tourner à gauche vers le Camp de Peyrot, puis suivre à droite (Sud) un chemin jusqu'au hameau d'Aunac (766 m). Le GR descend (Sud-Est) le chemin dans le vallon de Coume-Chaude, puis suit la route jusqu'à la rivière le Salat que l'on franchit sur le

(17) **1 h 45 • pont du Salat • 550 m**

> ### Hors GR • 30 min • Seix • 550 m
>
>
>
> Emprunter la route vers le Nord.

Le GR 10 emprunte la route vers le Sud jusqu'à

15 min • Moulin Lauga • 541 m

Bifurquer à droite (Ouest), franchir à nouveau le Salat, puis le ruisseau d'Estours pour passer à Couflens-de-Betmajou. Remonter vers le Sud-Ouest la vallée d'Estours en suivant une route empierrée jusqu'au lieudit

(18) **1 h • carrières de marbre d'Estours • 675 m**

Situées au confluent des ruisseaux d'Arros et d'Estours.

⇒ Jonction avec la variante GR 10 D qui vient du pas de la Core par le col du Soularil, voir page 41.

Sahusset la Taule

Pount des Thurledets

B. de 1311 Berthe

Plagn Ruhau

les Palots

les Capsades

Lau

Plabidou la Soleillane 1462

Rouze

Cap d'Espèdre B. de 1392 Fourquet

Hogne

B. de Fourquet

Barbaoule

Remounds Bourièts

Felips Bouich

38

B. de 1296

43

C^e de Ars

Ravage Gr^es

478

B. des Houillères

Gausseran

la Soleille

951

598

D 703

Mouriôtes

Couflens

Toundets

Barlabé^s

B^e de Poursugnes

1234

Bouras

Angolis 0.3 C.

1553

Castetde 450

1770

Fonta

B^au de Fonta

Ser de Fonta

1814

Pic de Fonta

1933

Granges de Lasserre

Raulfaste

Rau de l'Arrigol

Rio du Pia

1306

Cap du Quer

1334

Hogue d'Arouzon

B. de

1010

B. de

Estours

650

Ancien Fort de Marbre

B^au d'Escales

Serre de Durban

1835

Cap des Arbières

F^t DE LAMECH

B. d'Escalères

Antecha Gr^es

Rau neu

823

B^e de Bibet

Pic de Montiou

1831

Pic des

Pic de Montbiou

B^e de la Rase

1835

Rau de Bibet

Col des D 103 Paulos

1539 de Lameza

B^au 1817

Ches de Soulas

B. des Escoiles

les Portes

744

Albech Ol

l'Artigue

C^he de Artigue

Tuc de Fourniguet

Mon Eres 1886

Col de Courbe

1499 C^e de Subera

154^t Pic des Clots 1872

2201 Lastrouge

1993

les Bancs

R^au de Moncla

B. d'Arcouzan

Quer Trinquat

B. de Lategé

B. de Laplot

Pic de Lacrabère 1882

2093

Cte d'Arcau 1550

2119

D 103

Gitas les Clots 1671

Quer de Gabas

2155

Pic de Gabas

Quer de Tic

2276

1872

Quer du Masc

1728

2280

la Fourche

2382

Pic de Lampeau

139^t

Pomebrunet

2838

Pic de Cruzous

E^g de Cruzous

les Antigues

VALLIER

Mr du Pic Valier

la Pale

Pic de Peyre Blanc

les Montagnoles 2652

2000 Quer du Masc

2155

Timbeille 755 C.

2317 Col d'Estionère

Goutte 2280

Craberous

LE MONT VALIER

Rester sur la rive droite du ruisseau d'Estours ; en remonter le cours jusqu'à la cabane de l'Artigue (1 053 m) *(cabane ONF fermée)*. Le GR 10 continue à remonter la vallée jusqu'au fond du cirque. A la hauteur d'une première cascade, franchir sur une passerelle le torrent de l'Artigue. Grimper en lacets dans le bois du Pech d'Aula et arriver à la

(19) **2 h 55 • cabane d'Aula • 1 550 m**

 Cabane aménagée de 12 places, feu, source.

Monter vers le Sud-Est, puis vers l'Est, passer un col (1 998 m), traverser une zone herbeuse puis des éboulis pour atteindre le refuge forestier *(fermé)* et l'étang d'Arreau d'où l'on descend à la cabane du même nom (1 696 m, *fermée ; la bergerie peut servir d'abri)*. Descendre directement (Nord-Est) pour arriver au dernier lacet (1 620 m) de la D 703, piste empierrée. La suivre en descente sur environ 700 m, puis la quitter à gauche pour contourner par l'Ouest un petit pic et aboutir au

(20) **2 h 40 • col de Pause • 1 527 m**

Sur le versant Est, emprunter un ancien chemin de transhumance. Couper plusieurs fois la D 703, puis, à partir des granges de Ribe-du-Prat, l'emprunter jusqu'aux granges de Lasserre (1 100 m). Le GR utilise alors des voies rurales anciennes, coupées par la route. A Faup, suivre un chemin communal. A l'entrée du hameau de Raufaste, prendre à gauche, direction Est, puis Sud pour descendre au ruisseau d'Angouls. Le traverser pour rejoindre la route qui, par la gauche, mène à

1 h 45 • Couflens • 702 m

Couflens, à 4 km des sources du Salat et du hameau de Salaun, possède des mines de tungstène (1er rang en Europe).

Suivre la D 3 vers le Nord jusqu'au petit pont sur le ruisseau de Rouze.

(21) Remonter sur la rive droite de ce ruisseau jusqu'à Maletague (880 m) puis passer sur sa rive gauche, en vue du hameau de

40 min • Rouze • 930 m

Table d'hôte, ravitaillement de dépannage.

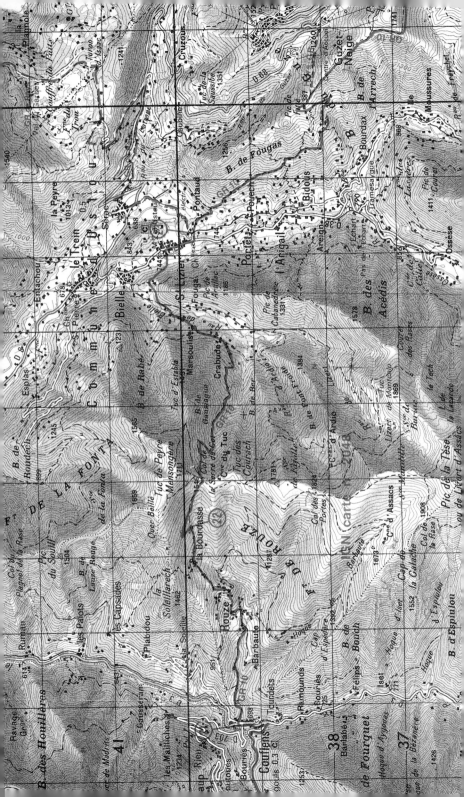

Le GR 10 part à côté du portail du gîte d'étape et monte en lacets jusqu'à Couret Maury ; à l'une des dernières granges, il continue vers la gauche et arrive au hameau de la Bourdasse (1 282 m). Traverser le hameau et se diriger plein Est, monter en écharpe sur des mouillères.

(22) Juste après les deux granges en ruines, le sentier se divise en deux. Suivre celui qui monte en décrivant deux lacets puis reprendre plein Est en montant en écharpe au

2 h • col de la Serre du Cot • 1 546 m

Prendre le sentier qui descend en lacets vers l'Est. Parcourir 300 m dans un bois et descendre par un lacet aux granges de Grabude (1 000 m). Plus bas, le GR suit un ruisseau sur 150 m puis traverse un champ délimité par des pierres ; à l'extrémité du champ, quitter le sentier principal et continuer à descendre vers des granges d'où l'on reprend le sentier principal. Franchir un ruisseau sur un pont. Le GR 10 monte légèrement à droite, passe sur la colline et arrive à

1 h 30 • Saint-Lizier-d'Ustou • 740 m

Hôtel au Trein d'Ustou.

Emprunter la D 38 en direction du Sud. Traverser le pont d'Oque (726 m), construit par les Romains.

(23) Départ sur la gauche du GR de Pays *Tour du Val du Garbet.*

Monter vers le pic du Fitté par un chemin jalonné de granges, Pontaud, Lacoume, Plagnol, en lisière du bois de Fougas. Après Plagnol, le sentier, par trois ou quatre lacets, s'élève à droite d'une large coulée qu'il traverse dans sa partie supérieure pour arriver aux

2 h 15 • pic et col de Fitté • 1 387 m

Hors GR • 30 min • Guzet-Neige • 1 360 m

Prendre le chemin presque horizontal.

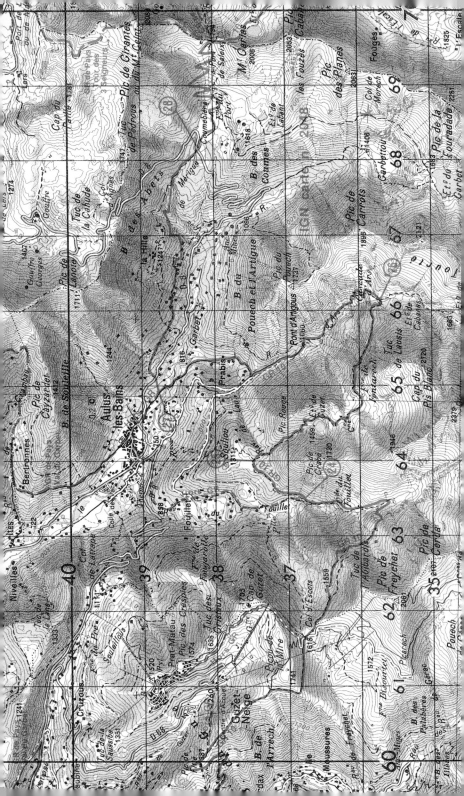

Le GR 10 remonte, par une crête facile, tout le chaînon issu du Picou de la Mire, puis il contourne le sommet par l'Ouest pour redescendre au

50 min • col d'Escots • 1 618 m

> **Hors GR • 45 min • Guzet-Neige • 1 360 m**
>
> 🏠 ✕ 🛒
>
> Prendre le chemin carrossable vers le Nord-Est, puis le Nord-Ouest.

De la cabane démolie, proche du col, descendre en direction Sud-Est, contourne une bosse rocheuse (1 559 m) et monter Sud-Est dans les sapins, puis à travers les rhododendrons et les bruyères. Traverser une zone rocheuse, passer à une cabane en ruine, puis descendre dans des coulées entre les rochers pour gagner le cirque de Casiérens. Le quitter (en direction du Nord - Nord-Est) sur sa rive droite et sur un bourrelet rocheux très près du ravin ; atteindre un gradin qui domine la vallée. Longer la cascade du Fouillet (1 300 m). Peu après, déboucher brusquement dans un grand bassin, dénommé la

(24) **1 h 30 • jasse du Fouillet • 1 170 m**

> **Hors GR • 1 h • Aulus-les-Bains • 750 m**
>
> 🏠 🏠 ⛺ 🛒 ✕ 🚌
>
> Suivre un sentier horizontal, puis descendre vers le Nord en longeant plus ou moins le ruisseau du Fouillet sur sa rive droite jusqu'à la D 8.

A la pointe amont de la jasse, le GR 10 s'oriente Nord-Est et, à partir d'un affleurement tabulaire rocheux (1 175 m), monte en direction d'un sommet boisé bien détaché sur le versant pour cheminer, ensuite, de niveau jusqu'à l'angle Sud-Ouest du plateau de Souliou (1 280 m).

(25) Le quitter par le Sud-Est en montant dans un vallon boisé ; plus loin, longer une clairière puis gravir une forte pente pour atteindre l'

1 h • étang de Guzet • 1 459 m

Le sentier contourne l'étang par l'Est en restant nettement au-dessus et parvient ainsi au plateau supérieur de Gusalech occupé par des cabanes en ruine (1 580 m). Partir d'abord vers le Sud-Est, ensuite vers l'Est, en restant de niveau à la limite supérieure de la forêt.

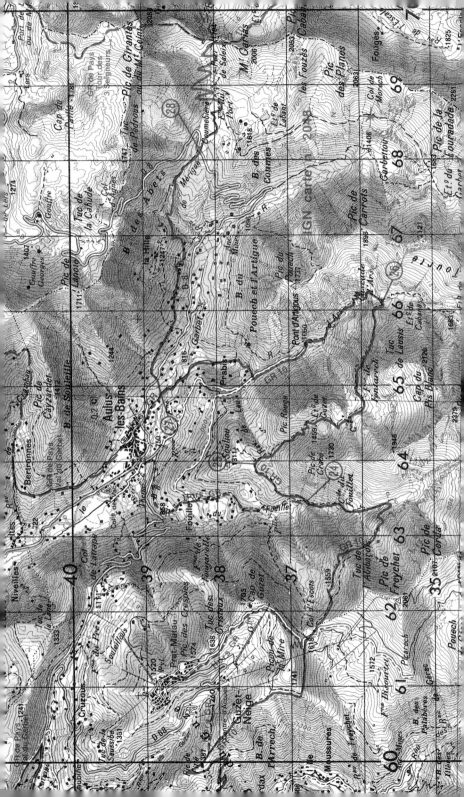

Le GR emprunte des traces à flanc de pente assez raide, passe plusieurs couloirs d'avalanche, descend un lacet sur une dalle de granit, puis atteint la

(26) **1 h • passerelle d'Ars • 1 485 m**

La franchir ; plus loin, le sentier décrit un grand crochet vers l'Est - Nord-Est pour contourner le ressaut rocheux du haut duquel s'élance la cascade, puis amorce la descente devant des arrivées d'eau latérales, dans les escarpements rocheux de la rive droite. Après quelques lacets courts et rapides, on peut voir cette cascade *(l'une des plus belles des Pyrénées : trois chutes superposées qui, à la fonte des neiges, ne forment qu'un seul jet de 110 m de hauteur).*

Après une courte traversée de forêt, au-dessus du ravin, atteindre le pont d'Artigous (1 060 m). Ne pas le franchir, mais descendre par un sentier en lacets. Emprunter une piste sur 1 km, puis tourner à droite (Est) dans un sousbois. Le sentier finit par longer le torrent de l'Ars, puis il s'en éloigne. Arriver ainsi au

1 h 25 • pont de la Mouline • 785 m

Le GR 10 continue encore 300 m sur le chemin carrossable

⇒ De là, on peut gagner Aulus en suivant le balisage jaune-rouge vers l'Ouest.

(27) Tourner à droite (Est) puis s'engager (Nord) dans le sentier qui traverse la D 8. Passer à des granges, puis franchir le ruisseau d'Escale de Hille ; ensuite, longer le ruisseau de Mérigue sur une centaine de mètres pour le franchir et monter vers l'Est jusqu'au bord d'un dangereux précipice. Le GR 10 change alors d'orientation et gagne le plateau de

(28) **2 h 20 • Coumebière • 1 400 m**

Traverser la route et continuer vers le Sud-Est jusqu'au ruisseau de Lauze descendant du pic des Argentières *(remarquer les anciens puits d'extraction).* Parcourir alors 500 m vers l'Est puis monter par de longs lacets sur la partie gauche du thalweg jusqu'au

1 h 30 • Port de Saleix • 1 794 m

⇒ Point de passage du GR de Pays *Tour des Trois Seigneurs* qui part au Nord vers le pic des Trois Seigneurs
En l'empruntant vers l'Est, on peut gagner en 2 h 15 **Auzat** *(hôtel, ravitaillement).*

Monter en direction du Sud, sous le mont Garias. Descendre sur une pente raide jusqu'à l'étang d'Alate. Longer la rive Est, puis monter vers le Sud-Est pour franchir le

1 h • col de Bassiès • 1 933 m

Descendre (Sud) jusqu'au

(29) **30 min • refuge de Bassiès • 1 655 m**

🏠

Se diriger vers le Sud-Est en longeant les étangs. Passer au barrage de l'étang Majeur et près du bâtiment EDF (1 650 m). Descendre sur la rive gauche parallèlement au ruisseau. Passer devant l'étang Long, puis à l'étang d'Escalès à l'extrémité duquel se trouvent un petit barrage et une prise d'eau (1 594 m).

(30) Abandonner le chemin de la rive gauche *(qui aboutit à la centrale)*, traverser le ruisseau sur un pont de pierres (1 580 m). S'écarter aussitôt du déversoir pour descendre un peu plus loin la barre rocheuse. Reprendre la direction du Sud-Est pour un parcours de 1 km sur des replats granitiques, à l'altitude de 1 450 m. Par une courte montée à travers des hêtres *(source)*, franchir un passage d'abrupts (1 439 m).
Descendre (toujours à l'opposé du ravin) le raidillon caillouteux aménagé sur le bourrelet de bordure du ravin de Bassiès et gagner l'

(31) **2 h 10 • ancien aqueduc • 1 160 m**

Construit à flanc de montagne pour amener les eaux de Marc et de l'Artigue audessus d'Auzat et de sa centrale. Aujourd'hui abandonné au profit d'un tunnel.

Hors GR • 45 min • Auzat • 728 m

🏨 🛒 🍴 🚌 ⛺

Traverser l'aqueduc et continuer à descendre jusqu'au hameau de Hérout ; prendre alors un chemin parallèle au ruisseau Vicdessos, emprunter la passerelle du téléphérique, puis suivre à gauche la route jusqu'à Auzat.

Le GR 10 emprunte l'aqueduc en direction du Sud ; passer devant un baraquement en mauvais état. A mi-parcours, franchir un ruisseau ; par un passage taillé dans la falaise passer devant une galerie *(recevant par siphon les eaux du Pla de l'Isard situé au Sud sur le versant Est de la vallée).*

Dans les Pyrénées, malgré la chasse, les destructions, les captures (dues aux ousaillés, montreurs d'ours surtout ariégeois qui étaient deux cents à élever des ours en 1880), l'espèce a conservé des effectifs raisonnables jusqu'aux années 1930 (cent cinquante à deux cents animaux dans l'ensemble du massif).

L'ours a disparu totalement des Vosges et du Massif Central au début du 19e siècle et des Alpes vers 1937. Dendaletche a noté en 1986 que de 1954 à 1975, personne ne s'est occupé de la recherche sur l'ours sur l'ensemble de la chaîne des Pyrénées dans un souci de protection.

L'ours, victime de l'exode rural

Vingt à vingt-cinq ours au début des années 1980 ? Dix à treize en 1990 ? Peut-être six à huit entre Aspe et Ossau. Peut-être huit à dix si l'on considère la probabilité de deux ours errant entre la France et l'Espagne.

C'est par la désertification des villages de Haute-Ariège qu'il faut rechercher la cause de la disparition de l'ours. En quelques décennies, la montagne pyrénéenne a perdu jusqu'à 90 % de sa population. La guerre de 1914-1918 achèvera de sonner le glas en vidant les villages des derniers jeunes, accélérant encore le processus de vieillissement ou l'exode. Et chaque village qui se vide est un rude coup porté à l'ours qui voit peu à peu disparaître son garde-manger. Vivant jusque là au cœur d'une « zone d'abondance », le voilà dans un désert. On a oublié que la montagne était jadis cultivée beaucoup plus haut et que l'essentiel de la nourriture paysanne était constituée par les céréales. Gros mangeur de céréales, de fruits et de miel, l'ours a inventé le « müesli », repas complet des sportifs. Pour l'ours, de tempérament très opportuniste, les cultures humaines concentrées dans les champs sont plus aisées à cueillir en abondance que celles dispersées dans la forêt.

D'après *L'Ours, du mythe à la réalité*, association les Amis de l'Ours à Saint-Lary.

Ours, sur le versant espagnol. *Photo B. Clos.*

Isard. *Photo B. Clos.*

L'isard

L'isard, un peu plus petit que son cousin des Alpes, le chamois, est le symbole des Pyrénées. Son incroyable agilité et sa vivacité sont dues à la longueur de ses membres et à ses sabots caoutchouteux qui lui donnent une excellente adhérence aux rochers et à la neige dure.
Poids du mâle : 25 à 40 kg.
Poids de la femelle : 23 à 32 kg.
Poids à la naissance : 2,5 kg.
La première année, il porte le nom de chevreau. Durant la seconde, il est appelé localement « ercol », puis, selon son sexe, on parlera de chèvre ou de bouc. La chèvre donne naissance en mai-juin à un chevreau unique et ce, dès sa troisième année. L'espérance de vie, rarement atteinte, est d'environ dix-huit ans.

En été, les meilleurs moments pour admirer les isards se situent de l'aube au milieu de la matinée puis le soir en fin d'après-midi. Ces périodes correspondent aux heures pendant lesquelles les isards recherchent leur nourriture et se déplacent. Entre temps ils se reposent, ruminent et sont beaucoup plus difficiles à observer.
Les isards sont particulièrement effrayés par la présence de chiens qui déclenchent leur fuite de très loin.

Extrait du topo-guide *Autour du Montcalm* édité par l'Office de tourisme d'Auzat-Vicdessos.

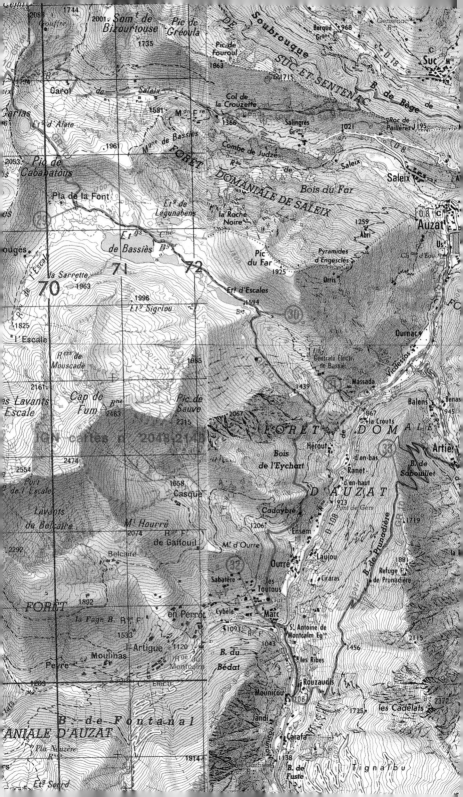

(32) 150 m plus loin, descendre tout droit sur le hameau de Marc et la D 108 face au pont et à la chapelle de Saint-Antoine-de-Montcalm.
Prendre au-dessous de la maison familiale, à gauche du pont, le vieux chemin de la rive droite du ruisseau de Mounicou pour aller jusqu'à

1 h 40 • Mounicou • 1087 m

Revenir jusqu'au pont par la D 108, puis prendre à gauche le sentier dit de « Coumo de Bazerque » *(couloir d'avalanches à la verticale de Mounicou)*. Monter durant 5 min à droite du sillon d'écoulement, puis traverser et continuer la montée en bordure du ravin, en laissant à gauche une plate-forme de travaux EDF. Après deux courts lacets, le sentier s'écarte du ravin et s'élève vers le Nord - Nord-Est ; il s'approche une dernière fois du ravin, puis reprend la direction du Nord - Nord-Est pour gravir la pente en biais. Passer au rocher des Casteillous (1 500 m) ; peu après, entrer en forêt à l'ancien

1 h 45 • refuge de Prunadière • 1 614 m

Peu après, descendre droit vers le Nord pour continuer sur un chemin qui passe à la base de grands rochers et, aussitôt après, reprend de l'altitude pour, en direction du Nord-Est puis du Nord, atteindre le niveau 1 600 m. Franchir la crête boisée pour descendre au passage de la Prunadière.

(33) Tourner à droite (Sud-Est) et descendre dans le bois de Sabouillet en décrivant trois lacets ; laisser à gauche un chemin reliant Artiès à Marc ; en trois autres lacets, le GR prend la direction de la vallée pour gagner

1 h 45 • Artiès • 985 m

Il est possible de quitter le GR 10 pour rejoindre les deux villes importantes d'Auzat et de Vicdessos. Ces deux villes sont situées au confluent de hautes vallées dont certaines conduisent en Andorre ou en Espagne.

Hors GR • 1 h • Auzat • 728 m

Emprunter la route en direction du Nord.

Quitter le hameau par la route de la centrale électrique (Sud).

(34) 1,7 km plus loin, trouver un sentier sur la gauche (Est).

⇒ Ce sentier grimpe fortement pour rejoindre le GR 10 aux Coumasses-Grandes.

Le GR continue sur la route jusqu'à la

1 h • centrale électrique de Pradières • 1 183 m

Prendre sur la rive droite le chemin le plus bas qui, se rapprochant du torrent et d'un défilé rocheux, escalade le bord des escarpements. Après un palier, le sentier monte à l'orri de la Coume, puis, suivant un câble transporteur, il arrive au

(35) **1 h 30 • barrage de l'Etang d'Izourt • 1 647 m**

⌂ *Important baraquement à usage pastoral. Abri possible de 10 places.*

⇒ Départ de la variante GR 10 A vers le refuge du Fourcat : *voir page suivante.*

Le GR 10 s'oriente au Nord ; il s'élève sur les pentes, traverse plusieurs ruissellements, passe un peu au-dessus de la chambre des vannes et de la conduite forcée et un peu en dessous de l'orri de Journosque (1 786 m). Il perd graduellement de l'altitude, passe un banc rocheux et arrive un peu au-dessus des

(36) **1 h • Coumasses-Grandes • 1 580 m**

⌂ *Curieux abri mi-naturel, mi-aménagé (6 places).*

Le GR continue sur de grands escarpements rocheux qui offrent des vues sur le fond de la vallée. Il aborde ensuite une partie boisée où couloirs et abrupts se succèdent. A l'approche du débouché de la vallée, un rocher permet une vue aérienne sur le village d'Artiès ; 20 min après, on parvient au belvédère marqué d'une

(37) **1 h • stèle • 1 410 m**

Stèle commémorative de l'inauguration du GR 10 ariégeois le 10 octobre 1975.

⇒ Départ de la variante GR 10 B : voir page 69.

Le GR 10 A contourne l'étang d'Izourt par l'Est. A son extrémité Sud, prendre un sentier bien tracé remontant la rive gauche du ruisseau. En pente raide, le sentier zigzague dans le gispet, passe un col et atteint les

(A) 1 h • Orris de la Caudière • 1 942 m

Traverser le ruisseau de l'étang de Fourcat et monter en direction du Sud-Ouest vers des falaises. Le bon départ dans les rochers est situé à 150 m de distance du torrent. Le chemin, bien construit, s'élève en se rapprochant du ravin qu'il domine un court moment, puis de 2 200 m à 2 300 m remonte, parallèlement au ruisseau, un plateau intermédiaire (belle cascade) enfin, il franchit une barre rocheuse en direction des

(B) 1 h 30 • Hommes de Pierre • 2 350 m

Grands cairns à l'entrée du cirque.

Comme son nom l'indique, le Fourcat est un cirque en forme de fourche enchâssé dans les pics de la frontière.

Descendre à la pointe Nord du petit étang Fourcat (2 339 m), suivre la rive Ouest en prenant de la hauteur. En vue du grand étang (2 420 m) partir vers l'Est à travers les bancs de roches moutonnées, pour atteindre le

30 min • refuge du Fourcat • 2 445 m

Pour revenir vers le GR 10, deux possibilités :
- soit reprendre le même itinéraire qu'à l'aller jusqu'à l'étang d'Izourt ;
- soit revenir jusqu'à l'Orri de la Caudière. Là, emprunter à droite un sentier surplombant l'étang d'Izourt et le suivre jusqu'aux abords de l'

(C) 2 h • Orri de Journosque • 1 786 m

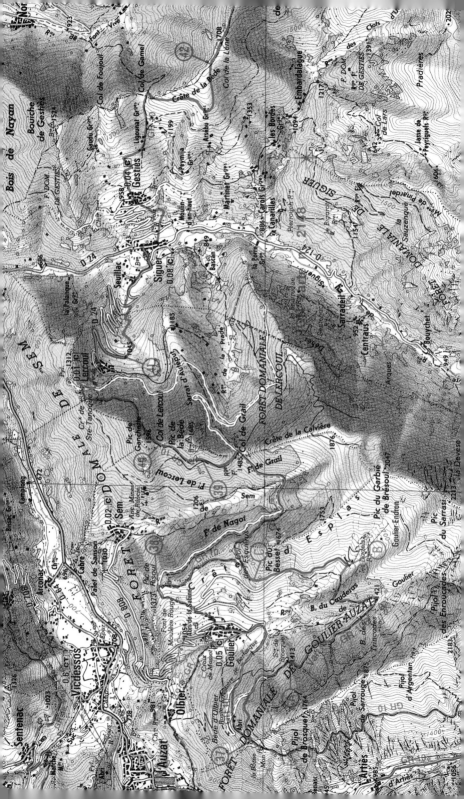

Variante GR 10 B

A partir de la stèle commémorative, continuer le cheminement horizontal dans le haut vallon de Goulier et sous le Pic d'Endon ; contourner le chaînon des Pijol et arriver à la source de Brosquet (1 413 m).

Ⓐ Continuer vers le Sud-Est à flanc de versant tailladé par des couloirs d'avalanches. Traverser le ruisseau de Goulier, puis le chaînon du Caudéras pour ensuite remonter un peu jusqu'au

Ⓑ **1 h 30 • refuge de la Prade • 1 500 m**

Refuge communal actuellement fermé

Parcourir 500 m sur la route qui descend à Goulier pour prendre un chemin horizontal, parallèle à la route, et qui file au Nord avec elle ;

Ⓒ 1 km plus loin environ, virer à droite pour rejoindre le GR 10 venant du col de Risoul. Par un parcours commun, les deux GR montent vers l'Est - Nord au

1 h 15 • col de l'Esquérus • 1 467 m

Descendre (Nord-Est) à la maison forestière (1 320 m) au-dessous de laquelle passe la route de Bertasque. Le GR traverse cette route et descend par un large sentier qui coupe un grand lacet et la rejoint pour entrer dans

45 min • Goulier • 1 110 m

Hors GR • 1 h • Auzat

Emprunter le sentier d'Olbier-Capounta.

Le GR prend, à l'Est sur la route touristique, le chemin de Risoul (chemin des mineurs) qui, en direction du Nord-Est, monte au

(38) **45 min • col de Risoul • 1 330 m**

➡ On peut emprunter une route forestière jusqu'au col de Grail.

Le GR 10 délaisse la route pour suivre la crête d'Esplas ; *vers 1 400 m d'altitude, on rencontre la variante GR 10 B venant directement de la stèle commémorative.* Par un parcours commun, les deux GR montent vers l'Est - Nord au

50 min • col de l'Esquérus • 1 467 m

Le sentier part en direction du Sud-Est dans le haut du vallon de Sem, dans la tranche supérieure de la forêt, à la limite des pacages. Il coupe des ravins à leur naissance et, 1 km plus loin arrive au

45 min • col de Grail • 1 485 m

A l'angle gauche de la maison forestière (1 500 m), monter en direction du Nord.

(39) A une bifurcation, laisser à gauche un chemin qui descend à Sem et aux mines et continuer dans la même direction *(points de vues à l'Ouest, sur les massifs de Bassiès, du Montcalm et de l'Endron)* pour arriver au

(40) **30 min • col de Lercoul • 1 549 m**

Du col de Lercoul, le GR 10 descend Nord-Est à travers des buis, des hêtres et des noisetiers. Plus loin, il s'oriente au Nord pour atteindre un épaulement de la montagne à Sainte-Tanoque où se dresse une croix. Emprunter la route qui monte de Lercoul sur 300 m, puis s'engager à gauche sur l'ancien chemin conduisant au village de

1 h • Lercoul • 1 120 m

Vieux village situé dans le secteur des mines, jouissant d'un beau panorama sur la vallée de Siguer ; il est inhabité l'hiver.

Prendre devant l'église la route de Siguer sur 1 km

(41) Dans un virage, se diriger horizontalement vers les bois sur 250 m, puis plonger à gauche dans l'ancien chemin qui retrouve la route un peu avant Seuillac et le pont de

50 min • Siguer • 740 m

Dans le centre du village, prendre à gauche l'ancien chemin de Gestiès ; il coupe la route dans son premier lacet puis, à côté et au-dessus des autres lacets, il monte en direction du Nord-Est jusqu'à

45 min • Gestiès • 960 m

Quitter le village de Gestiès en passant à droite de l'église, monter Est - Nord-Est. Plus loin, le GR s'oriente à l'Est pour gagner le

1 h 30 • col de Gamel • 1 390 m

Source à 400 m sur un chemin horizontal partant vers le Sud-Est.

Se diriger vers le Sud-Ouest vers un bec rocheux en lisière de la crête boisée pour prendre un sentier à flanc de montagne, presque horizontal, qui se dirige vers le Sud. Passer au-dessus du ravin de Labugé et arriver sur un épaulement du versant au lieudit Egoumenou (1 455 m). Le GR abandonne ici le sentier de versant qui continue vers le col du Sasc *(où l'on va passer, mais en empruntant un autre cheminement).* Grimper (Est) sur la pente jalonnée de hérissements rocheux pour atteindre la

(42) 1 h • crête de la Bède • 1 642 m

Remonter cette crête en passant au col de la Lène (1 708 m) pour gagner le Pla de Montcamp (1 904 m) *(grand belvédère sur le chaînon de partage du Vicdessos et de la Haute-Ariège)*. Descendre vers le Sud par un sentier tracé dans les pâturages jusqu'au

1 h 15 • col du Sasc • 1 798 m

⌂ *Source à l'arrivée du sentier de versant qu'on a abandonné à Egouménou, descendre un peu vers l'Ouest côté vallée de Séguer. Abri possible à mi-pente (4 places).*

Parcourir 500 m vers le Sud en s'élevant sur la pente herbeuse (1 850 m), puis obliquer sur la gauche (Sud-Est) en passant au-dessus des sources du ruisseau de la Prade. Devant un orri en ruine, abandonner le sentier du pas de l'Escalier pour descendre en direction de l'Est - Sud-Est ; traverser une route pastorale pour atteindre Courtal Marti (1 812 m). Poursuivre en direction du Sud vers de Gros rochers isolés sur le bord du plateau ; obliquer à droite vers le petit ravin du ruisseau de Balledreyt, puis s'en écarter et descendre vers l'Est jusqu'à la cabane de Balledreyt *(ouvert en permanence, 3 places)*. Descendre au bord du ruisseau, le suivre un instant sur sa rive gauche, puis le traverser et s'en écarter pour aller vers les grands rochers et les bois qui bordent, à droite, la vallée de Balledreyt. Longer ces rochers jusqu'au bourrelet de roches moutonnées de la vallée principale de Sirbal ; descendre alors vers le Nord-Est dans un couloir, entre des rochers, qui débouche à la Jasse du Sirbal (1 350 m).

⑷⒊ En contrebas de la Jasse du Sirbal, franchir le ruisseau et suivre la direction Sud-Est - Est pour entrer dans un bois, monter par une sente d'abord en lacets puis à flanc vers le Sud jusqu'au

2 h 20 • col de Sirmont • 1 693 m

Avancer sur le col jusqu'à des mouillères et prendre (Sud) une descente légère à flanc pour trouver un sentier qui entre dans un petit bois ; franchir alors un ruisseau et s'orienter dans le sous-bois Sud-Est - Est. Descendre ensuite sur une pente très raide à travers roches et fougères jusqu'au lieudit le Calvière (1 474 m). Suivre la rive droite du ruisseau vers l'Est ; le sentier serpente dans le sous-bois à quelque distance du ruisseau.

⑷⒋ Traverser le Pont Orange pour emprunter une piste conduisant au lieudit

2 h • Coudènes • 1 040 m

Franchir le pont sur l'Aston, puis emprunter à gauche la piste sur 300 m ; avant de s'engager dans un petit couloir, on trouve sur la gauche un sentier.

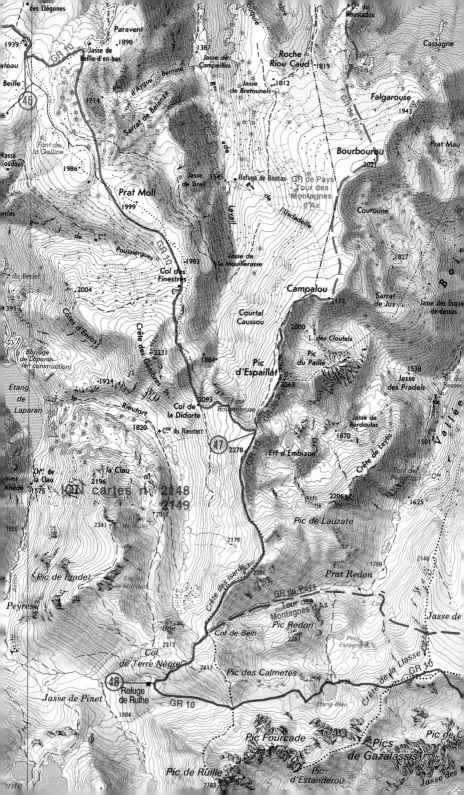

Hors GR • 10 min • refuge de Clarans

 10 places, bat-flanc, feu possible, prise d'eau

Le GR monte dans un petit couloir, traverse un ruisseau et poursuit encore jusqu'au début d'un pâturage *(jasse)* pour prendre un chemin montant en lacets. Passer à une première clairière ; la longer en sous-bois. Franchir ensuite un ruisseau dont on remonte la rive gauche jusqu'à une deuxième clairière ; à l'extrémité de celle-ci, s'engager sur un sentier montant en lacets (Nord-Est) puis à flanc parmi des genêts, puis sur des pelouses. Parvenir à la

2 h 20 • jasse d'Artaran • 1 695 m

Suivre vers le Nord la piste pastorale conduisant à la jasse des Isarges (1 780 m) sur laquelle est implantée une cabane pastorale ; la laisser à gauche pour rejoindre direction Est le centre d'accueil du

㊺ 30 min • plateau de Beille • 1 817 m

Emprunter la piste pastorale qui monte d'abord vers le Sud puis se poursuit en direction Est puis Sud-Est jusqu'à la

45 min • cabane de Beille-d'en-Haut • 1 939 m

⌂

La laisser à droite ; poursuivre par la piste vers le Sud jusqu'à un *cortal*.

㊻ A ce niveau, emprunter sur la gauche direction Est, la piste descendant à la cabane pastorale de Beille-d'en-Bas (1 900 m). Dans le virage avant celle-ci, obliquer plein Sud pour retrouver, quelques mètres plus loin, l'emprise d'une piste de ski de fond. D'orientation générale Sud-Est, elle conduit par un passage à flanc au col des Finestres (1 967 m). Monter en crête pour gagner deux groupes de pins situés sur un banc rocheux. De là, un sentier descend vers de petites mares. Rester à flanc sans perdre d'altitude et gagner à travers les éboulis le

2 h 15 • col de la Didorte • 2 093 m

Monter d'abord Sud-Est jusqu'au début d'une crête (2 278 m).

㊼ Jonction avec le GR de Pays *Tour des Montagnes d'Ax* qui se dirige Nord - Nord-Est vers le Castelet et Ax-les-Thermes, dans la vallée de l'Ariège.

L'orry ou habitat pastoral

L'orry se définit comme une construction de pierres sèches plus ou moins circulaire dont le toit est une voûte formée d'assises en surplomb. Cette voûte est souvent recouverte de mottes de gazon arrachées à la prairie. Parfois, l'orry aménage un abri naturel contre un ou plusieurs rochers. Dans tous les cas, à côté de lui, on retrouve un enclos de pierres sèches où l'on parquait les moutons : c'est le courtal (ou cortal).

On retrouve des orrys à partir de 1200 mètres et jusqu'à 2400 - 2500 mètres d'altitude ; ils sont toujours à proximité d'un ruisseau. Les groupes d'orrys sont nombreux dans la haute vallée de Vicdessos : Soulcem, Tignalbu, le Carla, Mespalat, Bassies, Izourt... Au total, plus d'une centaine étaient utilisés au 19ᵉ siècle durant l'été.

Chaque famille envoyait alors plusieurs hommes pour assurer la garde des troupeaux et pour la fabrication du fromage (fait à base de lait de vaches et de brebis ou seulement de lait de vache). Ce dernier était affiné sur place dans le mazuc. Le plus réputé d'entre eux était celui de Bassiès. Chaque orry avait son troupeau individuel composé de cinq ou six vaches, de deux cents à quatre cents ovins et de quelques chèvres et porcs.

Au début du 20ᵉ siècle, le déclin du pastoralisme entraîna progressivement l'abandon des orrys. Aujourd'hui très rares sont les bergers qui viennent encore, ne serait-ce que quelques jours, garder leur troupeau et faire vivre cette montagne qui fut tant animée au 19ᵉ siècle.

Extrait du topo-guide *Autour du Montcalm* édité par l'Office de tourisme d'Auzat-Vicdessos.

Orry.
Photo R. Pomiès.

Le cheval de Mérens

L'origine de la race remonte vraisemblablement à la nuit des temps. Il est possible de visiter la grotte de Niaux située au cœur du berceau de la race, dans la sauvage vallée d'Auzat et du Vicdessos. Les célèbres peintures de chevaux sont bien la galerie des ancêtres.

Pendant des siècles, il servit de cheval de bât et de trait léger. Dans les armées napoléoniennes, le portage du minerai des mines ariégeoises, la traction de la diligence des curistes d'Ax, le binage des pommes de terre en Haute Ariège, que de tâches plus rudes les unes que les autres !

Il va traverser les siècles en résistant à tout. L'exode rural et la mécanisation de l'agriculture le frappent de plein fouet. Il va disparaître...

Il ne reste que quelques animaux dans les années soixante. L'effort, le courage, la ténacité d'une poignée d'éleveurs inverse la pente fatale. Aujourd'hui, le Noir frontalier d'Espagne, le Tarasconnais ou le Méringuais a été baptisé « poney ariégeois de Mérens ». Il en naît plus d'un millier chaque année, s'exporte en Hollande, en Italie, à l'Ile de la Réunion. Il a acquis ses lettres de noblesse en s'adaptant encore une fois à notre société de loisirs. Rustique, robuste, vif, mais doux, il fait merveille tant à la selle qu'à l'attelage.

Extrait du topo-guide *Autour du Montcalm* édité par l'Office de tourisme d'Auzat-Vicdessos.

Cheval de Mérens. *Photo F. de Richemond / Photodéco.*

Au début de la crête (2 278 m), le GR 10 s'oriente plein Sud et gagne la crête des Isards orientée Nord-Est - Sud-Ouest ; il la suit (Sud-Ouest) jusqu'au

1 h 40 • col de Beil • 2 247 m

Descendre vers le Sud-Ouest pour arriver au

(48) **30 min • refuge du Rulhe • 2 185 m**

Remonter un vallon jusqu'au col des Calmettes (2 318 m). Passer au Sud du pic des Calmettes pour arriver sur une croupe puis à un estagnol. Contourner un mamelon et emprunter un couloir herbeux où jaillit une source en amont de l'étang Bleu. Traverser un éboulis de gros blocs, monter dans un thalweg, puis sur une croupe pour gagner la

2 h • crête de la Lhasse • 2 439 m

Suivre la direction de la Pyramide de Lherbes et rejoindre un grand éboulis au fond d'une cuvette *(quelques mètres en dessous du GR, une source)*. Contourner l'éboulis par la droite et descendre le vallon sur le versant herbeux pour rejoindre à travers quelques gros blocs un replat herbeux (2 056 m). Longer la rive gauche du ruisseau de la Lhause pour dominer l'étang de Comte ; à l'extrémité d'un nouveau replat, descendre sur l'

(49) **2 h 15 • estagnol du Comte • 1 652 m**

Longer la rive gauche du ruisseau du Mourguillou. Plus loin, traverser la jasse du Mourguillou, le Planel des Llaberolles (1 550 m), en face de la Font des Fièvres. Suivre le torrent sur sa rive gauche ; le franchir 400 m plus loin sur le

15 min • pont des Pierres • 1 538 m

Dévaler sur un vieux chemin empierré jusqu'à une vaste plate-forme à la sortie d'une galerie ; là, emprunter la route EDF.

(50) 100 m après le deuxième lacet, abandonner la route pour prendre à gauche l'ancien chemin en lisière du bois de l'Ubac, conduisant à

45 min • Mérens-les-Vals • 1 050 m

GRP® Tour du val du Garbet

Sentier des montreurs d'Ours (les oussaillés)

C'est de la vallée du Garbet que partirent au siècle dernier ces hommes courageux, pour la plupart montreurs d'ours. Ils voyageaient loin en Europe jusqu'aux Amériques, quittant leur pays, rêvant d'Eldorado, avec pour tout bagage leur ours qu'ils avaient eux-mêmes capturé et dressé...

A Cominac, vous repenserez en passant devant l'église à ce fameux jour des Inventaires de l'an 1906 où deux ours dressés sur leurs pattes arrière barrèrent l'entrée de l'église aux hommes de l'Etat.

A Aulus-les-Bains, nombreuses sont les familles qui possédaient un arrière-grand-père « oussaillés ». Vous songerez, en passant devant le Grand Hôtel, à la gloire passée de cette petite station thermale très mondaine dans les années 1900.

Oust • 527 m

① En direction d'Ercé, emprunter la petite route à gauche de la Maison des Jeunes et de la Culture. Gagner le hameau de Courmariau *(centre équestre)*.

② S'engager à gauche dans le sentier qui mène par une hêtraie au

1 h 10 • pas de Sausech • 680 m

Suivre la crête au Nord-Ouest jusqu'au Tuc du Four. Descendre de ce petit col. Atteindre ensuite le sommet de la crête marquant la limite du canton Oust - Massat. Redescendre jusqu'à la D 618 et l'emprunter sur 100 m.

③ A La Palanquette, s'engager à droite sur la piste forestière qui longe la petite rivière le Régudé. *Un peu plus loin, on trouve sur la gauche une source d'eau chaude (la Font Chaude).*

Les oussaillés ou montreurs d'ours

Les habitants des communes d'Aulus, Ercé, Oust et Ustou s'étaient spécialisés dans une bien curieuse profession : celle de montreurs d'ours. Dans un premier temps, non contents de vendre la peau et la graisse de l'ours, ces montagnards avaient aussi vendu des oursons orphelins, plus ou moins apprivoisés. Une peau d'ours, avant d'être vendue, était promenée un peu partout dans le pays, et le chasseur recevait sa « récompense » pour une action salutaire, en faisant la quête...

Alors pourquoi ne pas promener un ours vivant ? On a cru que cette « industrie » n'était apparue dans l'Ariège qu'après 1830. Il est plus vraisemblable de croire que l'idée en vint aux ariégeois pérégrinants qui rencontraient de nombreux Italiens montreurs d'ours, venus notamment de Parme traîner leur bête en pays toulousain.

Vers 1900, les « oussaillés » sont nombreux : plusieurs centaines, assure-t-on. On manquait d'ours, ou plutôt d'oursons. Les Espagnols en amenaient bien quelques uns, mais le « recrutement ». se fit européen : de Hongrie ou d'Allemagne, voire de Russie.

Il y eut une école d'ours à Ercé, et les châtiments corporels n'y étaient pas prohibés. L'éducation du jeune ours était particulièrement cruelle. De Cassagnac a conté comment se déroulait la « ferrade », c'est-à-dire la pose d'un anneau de fer dans le museau de l'ours : céré-

Montreur d'ours.
Photo R. Pomiès.

monie mêlée de hurlements horribles qui attirait toujours un flot de curieux, comme tous les grands divertissements ou toutes les grandes détresses.
Certains montreurs d'ours connaîtront des destins tragiques, étranglés, dévorés par leur « compagnon d'infortune ».

D'après *Quand l'Ariège changea de siècle*, Pierre Salies.

1 km plus loin, tourner à gauche pour franchir un pont en bois et emprunter un chemin empierré jusqu'au hameau de Galas *(fontaine potable).* Le traverser dans toute sa longueur et remonter par la route à droite sur 200 m jusqu'au hameau de Fontale. Par un chemin, gagner Rouaich, puis Jourteau et arriver ensuite à l'entrée de

3 h 10 • Castet d'Aleu • 510 m

Se diriger à droite pour franchir un ruisseau. Couper la D 217 et remonter en face dans une forêt de hêtres. Gagner les ruines du Talapent, puis atteindre le hameau de

5 1 h 40 • La Ruère • 799 m

Passer derrière les bergeries et remonter en lacets par la piste. Laisser sur la gauche la piste conduisant à l'ancien aérodrome de Joubac. L'itinéraire chemine sur le plateau de Joubac, puis gagne les hameaux de La Bordasse *(fontaine potable)* et de Biech *(lavoir).*
Utiliser la route pour arriver au village d'

1 h 40 • Aleu • 736 m

Quitter la route et descendre pour franchir le ruisseau d'Aleu, puis atteindre l'ancien moulin d'Aleu. Remonter dans les bois pour passer au Sud de la ferme de Galassus.
Monter vers le Sud pour atteindre le

6 40 min • pas de la Fourade • 750 m

Camping à La Bernède (ou Bernadole).

Poursuivre au Sud - Sud-Ouest par un chemin qui passe au hameau de Pentusse. Plus bas, emprunter à droite la D 17 *(à La Marmotte, informations touristiques, possibilité de ravitaillement, aire de pique-nique, snack).* Passer derrière une grange en chaume restaurée et arriver dans le village de Cominac. Suivre la D 132 jusqu'au lieudit

7 1 h 55 • Trabesse • 844 m

Poursuivre par la D 132 en direction d'Ercé sur 800 m.

⑧ S'engager à gauche sur une piste qui monte (Nord, puis Est) au hameau des Grabielins. Prendre une sente qui pénètre dans le bois et monte à des granges en ruines. Suivre une large piste (Nord) qui conduit à la route forestière du Montgalas. L'emprunter à droite jusqu'au faux col de Vièle-Morte (1 095 m).

⑨ Utiliser la piste qui monte en direction du Sud-Est jusqu'au

2 h 10 • col de Vièle-Morte • 1 124 m

Suivre la piste qui part en direction du Sud et conduit à une intersection (1 145 m). Là, prendre la piste de gauche qui monte en direction du Nord-Est, puis à l'Est jusqu'aux granges de Pout Redon (1 145 m). Cette piste part sur la gauche, puis remonte en direction de l'Est. A une autre intersection, prendre la piste de droite et la suivre sur 150 m. Dans son prolongement, s'engager dans une sente qui se faufile à travers les fougères et blocs de rochers en direction de l'Est.

⑩ A l'altitude de 1 400 m, atteindre un bon sentier qui traverse à niveau la coume des Lannes. Franchir le ruisseau du même nom *(attention ! zone très humide)*. Retrouver le sentier bien marqué qui monte en direction de l'Ouest sur 300 m.
L'itinéraire se dirige ensuite vers le Sud-Est pour traverser tout le bois des Trabesses et Surges. A la sortie de la forêt, on gagne un petit mamelon *(cabanes de berger en ruines)*.

⑪ Des cabanes, suivre le sentier qui descend en direction de l'Est, contourne par le Nord un petit sommet (1 591 m) et arrive au Sud des cabanes en ruines du Courtal d'Arbeit, sur un petit plateau humide.

➡ L'orientation est délicate par temps de brouillard.

Suivre le sentier qui part en direction du Sud-Est et monte légèrement sur la croupe dénommée Tuc de Laguel, orientée Nord-Est - Sud-Ouest. Poursuivre la descente en direction du Sud-Est pour aboutir au

1 h 35 • col Dret • 1 454 m

Ce col marque le passage des bergers de la vallée du Garbet vers le plateau d'estive du port de l'Hers.
Point de vue sur les massifs du Valier, à l'Ouest, et des Trois-Seigneurs à l'Est.

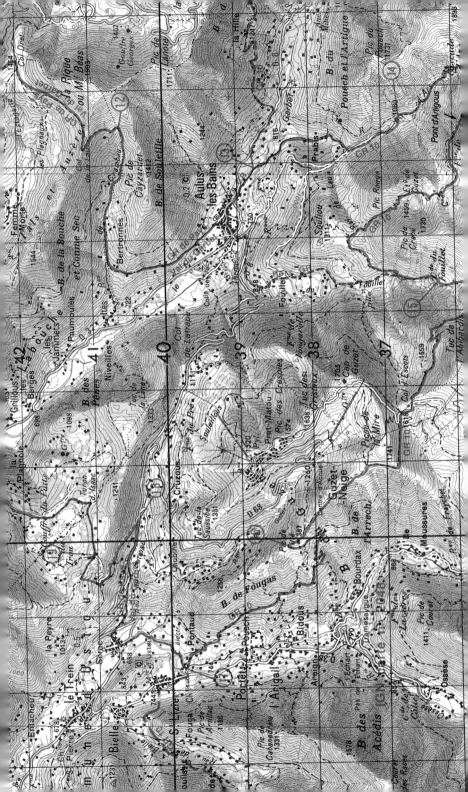

Longer vers le Sud-Ouest, puis le Sud le flanc de la montagne en contournant la paroi rocheuse du mont Béas, puis s'élever à travers bois jusqu'au col de la Lau (1 519 m) *(vue sur la chaîne du Couserans, avec, au Sud-Ouest, le mont Valier et au Sud les pics de Pentussan et des Trois Comtes et la Pique Rouge de Bassiès. En observant la vallée d'Ars, on aperçoit, enclavé dans la roche, sa fameuse cascade haute de 110 m).*
Le sentier repart vers l'Est à flanc, traverse une combe, puis s'engage dans les bois.

(12) Descendre dans le lit du ruisseau tout en restant sur la crête. Retrouver le sentier pour atteindre d'anciens prés de fauche où se trouvent les

1 h 15 • granges de Bertronnes • 1 100 m

Longer le ruisseau, puis le traverser au niveau d'une grange. Le quitter en direction du Sud en contournant le pic de Cayzardet à travers une forêt de buis et de hêtres. L'itinéraire débouche sur la vallée du Garbet et atteint l'église d'

40 min • Aulus-les-Bains • 750 m

L'ancien presbytère a été transformé en gîte d'étape ; on peut y voir une exposition de photographies anciennes retraçant la vie au pays et la station thermale vers les années 1900.

Du gîte d'étape, prendre, en haut de la côte, la rue à droite jusqu'à la sortie du village. Traverser la D 8. Emprunter le sentier indiqué par un panneau « Prabis ».

(13) Jonction avec le GR 10 : balisage blanc-rouge.
Passer devant la centrale électrique *(ancien site de la forge à la catalane)*, franchir le Garbet au pont de la Mouline et le longer sur sa rive gauche, puis s'élever à travers bois en dominant la rivière d'Ars au lieu dit Le Pas de l'Enfer. Par un fort raidillon, remonter jusqu'à la piste forestière et suivre celle-ci à gauche jusqu'au

(14) 55 min • pont des Artigous • 1 060 m

Passer sur la rive droite. Le sentier s'élève dans une hêtraie et arrive à la

40 min • cascade d'Ars • 1 485 m

Du haut de ses 110 m, c'est l'une des plus belles des Pyrénées.

Le Mont Valier. *Photo Marie-France Hélaers.*

RANDONNÉE
magazine

**CHEZ VOTRE
MARCHAND DE JOURNAUX**

La bonne fortune des eaux d'Aulus

Aulus, on raconte toujours (et le plus sérieusement du monde, parce que le fait est historique) comment le jeune lieutenant Darmagnac, atteint d'une maladie infectieuse, fut déclaré officiellement guéri en septembre 1822 par les eaux de la source qui coulait à ses pieds.

On raconte encore, sur un ton plus dubitatif toutefois, que le fringant officier aurait été conseillé en l'occurrence par la guérisseuse du coin, Jouanna Grosso, dite « Ma Bouno », initiée elle-même à l'usage thérapeutique par un infirmier du nom de Lacrampe.

A cette époque, il faut bien le dire, les Aulusiens éprouvaient à l'égard de ces eaux rougeâtres, remplies de crapauds, grenouilles et salamandres, une méfiance telle qu'ils n'auraient pas laissé boire leurs troupeaux. Le lieutenant Darmagnac avait fait élargir la source pour pouvoir s'y baigner. Il n'eut qu'un très petit nombre d'émules.

Il fallut attendre 1829 pour que le propriétaire du pré persuadât le notaire d'Ercé de s'associer avec lui pour aménager la source. Le premier établissement thermal comprenait une petite buvette, plus trois cabines avec sept baignoires. Cependant si quelque citadin venait à Aulus, on l'engageait à boire le lait de la montagne et on le dissuadait de goûter à des eaux dont personne ne parlait. Aulus n'avait d'ailleurs, que deux cabarets fréquentés par des charbonniers. Lorsqu'en 1844, le fils d'un ancien préfet et le général de Saint-Paul, attirés par les récits d'un charbonnier qui leur avait vanté l'abondance du gibier dans ces montagnes, vinrent chasser à Aulus, ils ne trouvèrent à se loger que chez le curé. On en vint à parler des « eaux »... Quelques mois après, le Conseil général de l'Ariège déclarait celles-ci d'utilité publique.

D'après le *Guide du Haut Salat*, Geneviève Sandrail et Philippe Durand.

Les « porteurs de glace » d'Aulus

« Porteur de glace » fut une profession typiquement aulusienne. Quelques solides montagnards étaient engagés par les hôteliers pour aller quérir la glace nécessaire au rafraîchissement des boissons. Ces « forts de glace » partaient, le soir venu, en direction des neiges éternelles où, armés d'un marteau, ils découpaient un gros bloc de soixante-dix kilos environ qu'ils chargeaient sur leurs épaules. C'était ensuite la descente vers la vallée où nos gaillards devaient arriver à l'aube, au terme d'une nuit de marche, chargés comme des mulets. Après quoi, pour quelques sous, ils distribuaient leur précieuse cueillette. A Aulus, certains se souviennent même qu'à la suite d'un pari avec un baigneur, un autochtone avait réussi à charger cent kilos de glace sur ses épaules.

D'après *Quand l'Ariège changea de siècle*, Pierre Salies.

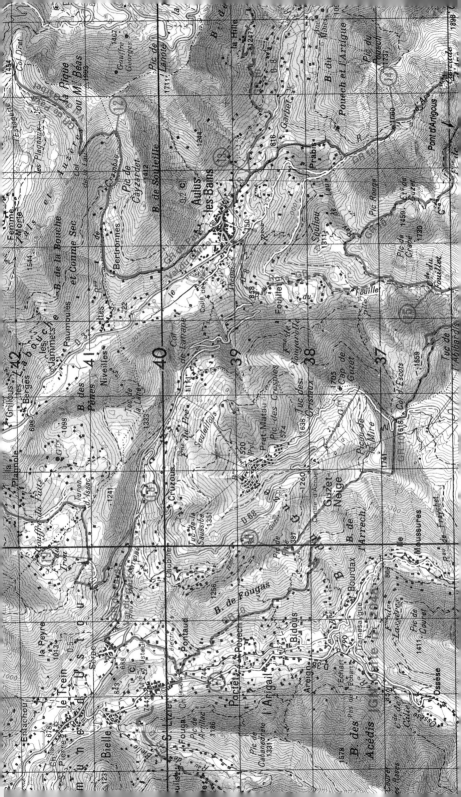

Après quelques lacets, passer au pied de la cascade médiane. Le GR serpente dans la roche et rejoint (Sud-Ouest) le haut de la cascade. Traverser le ruisseau par une passerelle et utiliser le sentier (Nord-Ouest, puis Ouest) à flanc de montagne et à travers la forêt pour aboutir dans les estives. Emprunter la combe qui descend vers le Nord-Ouest. Contourner par l'Est l'étang de Guzet (1 459 m). Descendre dans le ruisseau, le traverser, longer une clairière, puis suivre un vallon boisé jusqu'à la pointe Sud-Est du plateau de Souliou. Poursuivre vers l'Ouest pour atteindre la pointe amont de la jasse du Fouillet et la

⑮ 1 h 40 • cascade du Fouillet • 1 300 m

Franchir le ruisseau par une passerelle et prendre la direction Nord-Ouest puis Ouest. Remonter dans des coulées entre les rochers. Passer près d'une cabane en ruine, puis dans une zone rocheuse. Descendre au Nord-Ouest dans les rhododendrons, puis les résineux. Contourner une bosse rocheuse, puis monter à l'Ouest jusqu'au

1 h 20 • col d'Escots • 1 618 m

> **Hors GR : 45 min • Guzet-Neige • 1 400 m**
>
> 🏠 🛒 🍴
>
> Emprunter la piste carrossable (Nord-Est, puis Nord-Ouest).

Contourner par l'Ouest le sommet du Picou de la Mire, puis descendre par une crête facile jusqu'au pic de Fitté (1 387 m). Traverser une large coulée, puis descendre par des lacets.

⑯ Emprunter un large chemin jalonné de granges qui conduit au pont d'Oque *(construit par les Romains)* à l'entrée de

2 h • Saint-Lizier-d'Ustou • 740 m

⛺ 🛒 🚌

Hôtel au Trein d'Ustou.

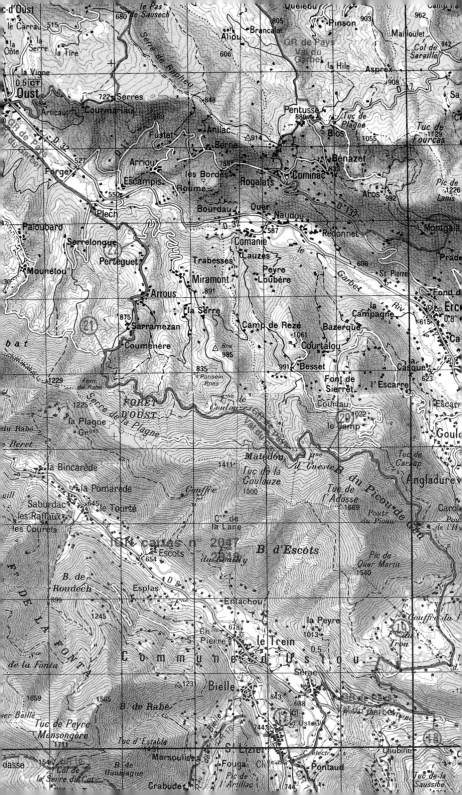

(17) Séparation du GR 10 : suivre le balisage jaune-rouge.

Avant le pont d'Oque, le GR de Pays suit un sentier sur la droite, puis un large chemin à travers des champs. Emprunter à gauche la D 8 vers le hameau de Sérac d'Ustou, puis à droite la première ruelle du hameau. Monter par un sentier qui coupe les lacets de la route, puis utiliser celle-ci à droite sur 500 m.

(18) S'engager à gauche sur une large piste qui monte sur le plateau de Géou ct atteint le lieu dit La Porte (1 120 m).

(19) Descendre par le premier chemin à gauche dans le bois de hêtres conduisant aux deux groupes du

1 h 40 • Turon d'Isaac • 1 125 m

Prendre à gauche (Nord) un sentier. A la lisière de la forêt, arriver devant une grange *(sur la gauche, cabane et grange d'estive de Malherbe : fromage artisanal).*

Après la traversée des prairies d'estive, le chemin s'engage dans la hêtraie du bois du Picou *(panorama sur la Soulane d'Ercé).*

(20) Laisser sur la droite une piste forestière descendant à Ercé. Continuer tout droit dans la forêt d'Oust.

(21) Prendre à droite la piste qui descend au niveau d'une installation destinée à la production du charbon de bois. Au hameau d'Arrous, emprunter la route qui descend, en laissant sur la gauche la route conduisant au hameau de Perteguet.

(22) Dans le premier virage en épingle à cheveux, s'engager dans un sentier qui descend vers le Nord-Ouest. Au hameau de Plech, emprunter le chemin de terre vers le Nord-Ouest et gagner le village d'

3 h 20 • Oust • 527 m

Hors GR : 30 min • Seix • 500 m

Emprunter la route vers le Sud-Ouest.

Index des noms de lieux

6è édition : janvier 1995
Auteur : FFRP-CNSGR
© FFRP-CNSGR 1995 - ISBN 2-85 699- 607 - 8 © IGN 1995
Dépôt légal : janvier 1995
Imprimeur : Louis JEAN - 05003 - Gap